ADOLPHE JOANNE

GÉOGRAPHIE

DE LA

CHARENTE

15 gravures et une carte

Joanne, Adolphe
Géographie de la Charente

39313

HACHETTE ET Cie

GÉOGRAPHIE

DU DÉPARTEMENT

DE LA CHARENTE

AVEC UNE CARTE COLORIÉE ET 15 GRAVURES

PAR

ADOLPHE JOANNE

AUTEUR DU DICTIONNAIRE GÉOGRAPHIQUE ET DE L'ITINÉRAIRE
GÉNÉRAL DE LA FRANCE

TROISIÈME ÉDITION

PARIS
LIBRAIRIE HACHETTE ET Cie
79, BOULEVARD SAINT-GERMAIN, 79

1883

Droits de traduction et de reproduction réservés.

TABLE DES MATIÈRES

DÉPARTEMENT DE LA CHARENTE.

I	1	Nom, formation, situation, limites, superficie.	3
II	2	Physionomie générale	4
III	3	Cours d'eau	10
IV	4	Climat	17
V	5	Curiosités naturelles	18
VI	6	Histoire	19
VII	7	Personnages célèbres	31
VIII	8	Population, langues, cultes, instruction publique	33
IX	9	Divisions administratives	35
X	10	Agriculture	39
XI	11	Industrie ; mines	40
XII	12	Commerce, chemins de fer, routes	46
XIII	13	Dictionnaire des communes	47

LISTE DES GRAVURES

1	Confolens	7
2	Saint-Germain-sur-Vienne, d'après un dessin de M. Gustave Grobot.	15
3	Ruffec	21
4	Cathédrale d'Angoulême	23
5	Statue de François Ier, à Cognac	27
6	Angoulême	29
7	Château de la Rochefoucauld	33
8	Cognac	41
9	La vallée de la Charente, vue des promenades d'Angoulême	43
10	Papeteries de Maumont et de Veuze	45
11	Ancien château des comtes d'Angoulême	48
12	Hôtel de ville d'Angoulême	49
13	Ruines de l'abbaye de la Couronne	55
14	Château de la Rochechandry, à Mouthiers, avant sa reconstruction.	59
15	Église de Ruffec	61

Typographie Lahure, rue de Fleurus, 9, à Paris.

DÉPARTEMENT
DE LA CHARENTE

I. — Nom, formation, situation, limites, superficie.

Le département de la Charente a pris son *nom* du fleuve étroit, mais profond et limpide, qu'Henri IV appelait le plus beau ruisseau de son royaume, — la Charente, — qui y arrose une gracieuse et verte vallée.

Il a été *formé*, en 1790, de territoires appartenant jadis à quatre des provinces qui constituaient alors la France : l'**Angoumois** a fourni 456,322 hectares ; la Saintonge, 69,476 ; le Poitou, 45,711 ; la Marche, 18,734. 5995 hectares ont été fournis, en outre, par le Limousin et par le Périgord.

Il est *situé* dans la région girondine, ou région du sud-ouest de la France. Cinq départements, — Vienne, Indre-et-Loire, Loir-et-Cher, Eure-et-Loir, Seine-et-Oise, — le séparent de Paris ; deux seulement, — la Haute-Vienne et l'Indre, — du département du Cher, qui occupe assez exactement le centre de la France ; un seul, la Charente-Inférieure, s'étend entre lui et l'Océan. Il est traversé, à l'est d'Angoulême, par le 2e degré de longitude O. du méridien de Paris, qui, en France, passe également près des villes du Mans, de Chinon, de Poitiers et de Nérac ; et au nord, près de Ruffec, par le 46e degré de latitude nord. Angoulême, son chef-lieu, est à 445 kilomètres de Paris par le chemin de fer, à 390 à vol d'oiseau.

Le département de la Charente est *borné* : au nord, par le département de la Vienne ; au nord-est, par celui de la Haute-

Vienne ; à l'est et au sud-est, par celui de la Dordogne ; à l'ouest, par la Charente-Inférieure ; au nord-ouest, par les Deux-Sèvres. Ses frontières sont naturelles ou conventionnelles, c'est-à-dire soit marquées par des obstacles naturels, tels que des montagnes ou des rivières, soit tracées à travers champs par des lignes idéales. Le département de la Charente n'a guère de limites naturelles que sur trois points : à l'ouest, la petite rivière du Né le sépare, sur 10 kilomètres, de la Charente-Inférieure ; au sud-est, la Dronne, sur une longueur de plus de 20 kilomètres, et son affluent la Nizonne sur une longueur de plus de 30 ; à l'est, la Tardoire le séparent du département de la Dordogne.

Sa *superficie* est de 594,238 hectares : sous ce rapport, c'est le 47e département ; en d'autres termes, 46 sont plus étendus. Sa plus grande *longueur*, — du nord-est au sud-ouest, d'Oradour-Fanais à Chantillac, — est de 119 kilomètres ; sa *largeur* varie entre 25 ou 30 et plus de 85 kilomètres, des limites orientales du canton de Montembœuf au point où la Charente sort du territoire départemental. Enfin son *pourtour* est de 450 kilomètres environ, en ne tenant pas compte des sinuosités secondaires.

II. — Physionomie générale.

Le département de la Charente est divisé en deux régions naturelles, qui doivent à la différence absolue de leur constitution géologique une physionomie bien tranchée : ce sont les Terres Froides et les Terres Chaudes.

Les **Terres Froides**, ou *région granitique*, sont séparées des Terres Chaudes, ou région calcaire et crétacée, par une ligne brisée qui, partant à peu près, au nord, du point où le Clain sort du département, pour aboutir, au sud, à celui où la Tardoire y entre, passe à l'ouest de Iliesse et de Manot, se continue jusqu'à Chantrezac sur la Charente, revient sur Roumazières, touche Genouillac, Mazières, Cherves, Montembœuf,

Mazerolles, Rouzède, Écuras, et se termine à Eymoutiers, enfermant ainsi, entre elle et les limites du département, une zone de 58 kilomètres de longueur sur une largeur moyenne de 16 kilomètres : ce n'est guère que la septième partie de la Charente. Cette première région, le Confolentais, comprend la plus grande moitié de l'arrondissement de Confolens et une partie du canton de Montbron ; géologiquement, elle fait partie du Limousin. Comme cette province, c'est une terre de granit, de porphyres, de schistes cristallins, de landes ou brandes, de genêts, de bruyères. Dans le Confolentais comme dans la Haute-Vienne, de belles prairies bordent la grande rivière limousine, la Vienne, qui court d'écluse en écluse, large, claire, abondante et rapide, dans un beau lit de rochers. Les ruisseaux y sont nombreux, les étangs aussi, dans des vallons agrestes et austères. Le climat y est froid et humide : la vigne y est peu répandue, mais on y cultive le blé, le seigle, le lin, le colza et surtout le sarrasin ; le châtaignier, le chêne, le hêtre, le bouleau, le charme y croissent avec vigueur ; pourtant les forêts y sont rares. C'est là que se trouvent les plus hautes collines du département, dans le massif qui se rattache, en dehors de la Charente, aux montagnes de Blond. Au nord de Montrollet, sur la limite même de la Haute-Vienne, s'élève un sommet de 366 mètres : c'est le point le plus haut de tout le département. Cette altitude n'est guère que la treizième partie de celle du Mont-Blanc, montagne de la Haute-Savoie, qui a 4810 mètres et qui est la cime la plus élevée non-seulement de la France, mais encore de l'Europe entière, non compris le Caucase, chaîne d'ailleurs aussi asiatique qu'européenne. Le point le plus bas du département, celui où la Charente passe dans le département de la Charente-Inférieure, n'étant qu'à 6 mètres au-dessus du niveau de l'Océan, la pente totale du département est de 360 mètres.

Les autres sommités principales du pays sont : aux environs de Brigueil et de Montrollet, le Puy Fragnioux (325 mètres), la colline de Montrollet (342 mètres), la montagne du Camp de César (330 mètres) et le Puy Merigou (327 mètres). Plus au sud, près des terres jurassiques, sur la ligne de faîte entre la Bonnieure et la Tardoire, la colline de Mazerolles a 345 mètres de hauteur.

A l'ouest du Confolentais, la *région calcaire*, qui, avec les terrains crétacés du sud, forme ce qu'on appelle les **Terres Chaudes**, occupe environ la moitié du département; c'est un pays de plateaux mamelonnés et monotones. Ces plateaux, qui se relient, au nord, à ceux de la Vienne et des Deux-Sèvres, et, à l'ouest, à ceux de la Charente-Inférieure, également calcaires, ont de 80 à 160 mètres d'altitude. Ils recouvrent tout l'arrondissement de Ruffec, la partie ouest de celui de Confolens, le nord de celui d'Angoulême, et, sur la rive droite de la Charente, un certain nombre de communes des cantons de Châteauneuf et de Jarnac. Ils sont compris entre les terrains granitiques de l'est, la Charente-Inférieure, les Deux-Sèvres, la Vienne et une ligne brisée passant à peu près par Courbillac, Sigogne, Saint-Simon, puis remontant presque exactement la Charente, la Touvre et le ruisseau de l'Échelle pour aller aboutir, par Bouex et Grassac, à Charras et aux collines qui séparent la Nizonne du Bandiat. Des collines nues, n'ayant d'autre abri que des arbres fruitiers, des terres rougeâtres ou blanchâtres, des champs de céréales dans des terrains pierreux et secs ; beaucoup de châtaigniers au nord : tel est l'aspect, peu varié, de la région calcaire, généralement aussi laide que sont charmantes les vallées qu'y ont creusées la Lisonne, le Son, la Sonnette, la Bonnieure, le Bandiat, la Tardoire, la Touvre et la Charente. La vallée que la Touvre arrose est la plus riante et la plus fraîche des vallées du pays ; avec celle de la Charente, c'est une des plus jolies de la zone tempérée. Cette dernière excite l'admiration du voyageur qui descend des collines rouges ou jaunes sans bois et sans eau. Ce qui donne tant de charme aux bords de la Charente, c'est la limpidité sans égale du fleuve ; il y a dans les montagnes des torrents plus bleus ou plus verts, mais la Charente, au-dessus d'Angoulême, est d'une transparence plus blanche ; quand on s'y promène en canot, au milieu des nénuphars, à 3 ou 4 mètres au-dessus

Confolens.

du fond de son lit tapissé d'herbes sombres, immobiles ou flottant au courant, on se croirait presque suspendu dans l'éther; l'eau disparaît; on ne la reconnaît qu'au sillage du bateau, aux jeux et aux reflets de la lumière et des ombres. A son confluent, la Touvre même, si limpide au sortir de ses gouffres, est opaque quand on la compare à la Charente, dont ses eaux, pourtant bien belles, troublent la limpidité.

C'est dans la région calcaire, dans l'arrondissement de Ruffec et dans la bande jurassique qui se poursuit, le long du Bandiat et de la Tardoire, jusqu'aux limites de la Dordogne, que se trouvent les principales forêts charentaises (*V.* page 40).

Sur les deux rives de la Charente, d'Angeac à Bourg-Charente, puis seulement sur la rive droite, s'étend la PLAINE DES PAYS-BAS, qui occupe aussi une portion de la Charente-Inférieure. Longue de 40 kilomètres sur 4 à 12 de largeur, la plaine des Pays-Bas a 33,000 hectares, dont moins de la moitié pour la Charente; enfermée entre des collines calcaires d'une hauteur moyenne de 55 mètres, elle a une altitude de 20 mètres, et ne contient aucun élément calcaire dans ses terres fortes et argileuses; c'est une terre sans relief, ou dont les ondulations n'ont ni grandeur ni caractère : des champs formés d'une argile grise ou noire, quelquefois verte, jaune ou rouge, que la pluie transforme en boues tenaces, s'y couvrent alternativement de blé ou de vigne; des prés bordent de faibles ruisseaux, qui vont se jeter dans l'Antenne ou dans la Soloire.

Le reste du département, environ les deux cinquièmes, appartient à la formation crétacée, qui occupe ainsi le sud des arrondissements de Cognac et d'Angoulême et l'arrondissement de Barbezieux tout entier. La physionomie de cette région varie selon que la craie y est tendre ou dure. Le long de la Charente et, au sud d'Angoulême, sur l'Anguienne, les Eaux-Claires, la Charrau, la Boëme, la craie dure s'étant peu décomposée, n'a donné naissance qu'à une maigre couche de mauvaises terres; en revanche, les rochers pittoresques au pied desquels jaillissent de belles sources, abondent, entre Jarnac et Cognac, sur la rive gauche du fleuve et sur les quatre petites rivières que nous venons de nommer. Les cantons occupés par la craie tendre ne présentent point ces grands accidents de terrain, bien qu'il y ait çà et là, surtout vers les sources de l'Arce et du Né, de pittoresques vallons et des collines de 50 à 80 et même 100 mètres de hauteur relative. La roche du sous-sol, se laissant facilement entamer, faisait n'guère prospérer, avant l'apparition du phylloxera, le plus riche vignoble de la France, dont les vins étaient transformés en eaux-de-vie qui passaient pour les meilleures du monde.

L'arrondissement de Barbezieux appartient en entier à la formation crétacée; mais d'immenses surfaces y sont recouvertes par des terrains tertiaires, surtout dans les cantons de Baignes et de Brossac, où ces terrains se soudent aux remblais de même nature (Charente-Inférieure) qui occupent, sous le nom de Double, une grande partie de l'arrondissement de Jonzac (Charente-Inférieure), une petite portion de celui de Blaye (Gironde) et quelques cantons de la Dordogne. Ces terrains tertiaires, composés d'argiles, de sables, de grès, de cailloux roulés, sont un sol médiocre, plus souvent mauvais, mais qu'on peut améliorer par les amendements calcaires dont les éléments se trouvent dans le sous-sol.

Tout à fait inféconds à Oriolles, à Guizengeard et à Saint-Vallier; assez favorables, sous le nom de *doucins*, aux bois, à la vigne, au blé, dans une partie du canton de Baignes, ces terres, laissées à elles-mêmes, ne portent que des bruyères et des taillis. Avec leurs taillis, leurs bois de pins, ces hauteurs, presque toujours blanchâtres, sont généralement tristes et monotones, mais elles n'en font que mieux ressortir la fraîcheur de la délicieuse vallée de prairies où la claire Nizonne se répand par une multitude de bras, les admirables beautés champêtres de la vallée de la Dronne, et surtout le grand site d'Aubeterre, qui a dû son nom (*alba terra*) à la couleur de ses terres.

III. — Cours d'eau.

Les eaux du département appartiennent à trois bassins, c'est-à-dire s'écoulent dans trois grands fleuves, la Charente, la Gironde et la Loire.

Bassin de la Charente. — Ce bassin comprend environ 450,000 hectares, soit plus des trois quarts du département. La **Charente** naît dans le département de la Haute-Vienne, à Chéronnac, entre des collines de 316 mètres d'altitude. Pénétrant, après 7 kilomètres de cours, dans le département de la Charente, elle y arrose les prairies d'Ambernac, en coulant du sud-est au nord-ouest; puis elle entre dans le département de la Vienne, où elle se heurte à des falaises jurassiques qui la rejettent dans une direction presque contraire à celle qu'elle avait suivie jusqu'alors. La Charente quitte la Vienne après 40 kilomètres de cours, pour rentrer dans le département qui lui doit son nom, en aval de l'embouchure du Cibion. Elle passe aux forges d'Aizie, à Condat, à 1,500 mètres de Ruffec, à Verteuil, Aunac, Mansle, croise le chemin de fer de Paris à Bordeaux à Luxé-le-Terne, arrose Montignac, Vars, Balzac, l'Houmeau, et passe au pied de la colline d'Angoulême. Ici le fleuve change encore de direction pour couler désormais vers le nord-ouest jusqu'à l'Océan. Prêtant sa vallée au chemin de fer d'Angoulême à Saintes, il fait marcher les usines de Saint-Cybard, baigne Saint-Michel-d'Entraigues, Nersac, Sireuil, Châteauneuf, serpente dans les plaines de Bassac, passe à Jarnac, à Cognac et dans les larges prairies de Merpins. Au confluent du Né, il entre dans le département de la Charente-Inférieure pour y arroser Saintes et Rochefort, et s'y perdre dans l'Océan entre la Rochelle et l'embouchure de la Gironde, après un cours de 350 kilomètres, dont un peu plus de 200 dans le département de la Charente. La navigation de la Charente commence officiellement, à l'aide d'écluses, à Montignac ; en réalité, elle n'est praticable qu'à Angoulême et ne prend même un peu d'importance qu'à Châteauneuf, à Jarnac et surtout à Cognac.

La Charente reçoit dans le département de ce nom : — à Suris (rive gauche), la *Moulde* (16 kilomètres) ; — au-dessous d'Ambernac (rive droite), le *Brouillon*, grossi de la *Gourdine* ; — au-dessous de Châtain (Vienne), rive droite, le *Tronson* (20 kilomètres), rivière qui n'est qu'en partie charentaise ; — aux forges d'Aizie (rive gauche), la *Lisonne* (16 kilomètres) ; — à Condat (rive droite), le *Lien*, rivière formée, à ce que l'on croit, à 1,500 mètres de là, au château de Ruffec, par les eaux de la *Péruse*, qui s'engouffre à Saint-Martin-du-Clocher ; — à Chenon (rive gauche), l'*Argentor* (30 kilomètres), formé par la réunion de l'*Argent*, ruisseau limpide qui baigne Champagne-Mouton, et de l'*Or*, ruisseau bourbeux au lit d'argile ; — au-dessus de Fontclaireau (rive gauche), le *Son* (36 kilomètres), qui arrose Saint-Claud et se grossit de la *Sonnette* (22 kilomètres) et de la *Tiarde* ; — à 2 kilomètres au-dessus de Mansle (rive gauche), la *Bonnieure* (48 kilomètres), rivière qui naît, près de Roumazières, au pied de collines de 200 à 240 mètres, fait mouvoir des forges, baigne Chasseneuil, reçoit la *Croutelle* et le *Rivaillon* et, à la suite des crues exceptionnelles, les eaux du Bandiat et de la Tardoire échappées aux gouffres de leur lit ; — à Luxé (rive droite), le *ruisseau de Moussac ;* — à Ambérac (rive droite), l'*Houme* (37 kilomètres), qui arrose Aigre et coule dans des prairies marécageuses, ainsi que son principal affluent, le *Péré*, ou *rivière de la Couture* ou *des Gours ;* — à Marcillac (rive droite), l'*Auge*, grossie de la *Sauvage* et du *Crachon ;* — au-dessous de Vouharte (rive droite), le *Mosnac ;* — à Marsac (rive droite), le ruisseau de la fontaine de la *Doux ;* — entre Balzac et la Touvre (rive gauche), l'*Argence*, grossie de la *Champniers ;* — au-dessus de l'Houmeau (rive gauche), la Touvre (*V.* ci-dessous) ; — à Angoulême (rive gauche), l'*Anguienne* (14 kilomètres) ; — à Saint-Michel-d'Entraigues (rive gauche), les *Eaux-Claires* (16 kilomètres) ; — sur la même rive, dans le même village, la *Charrau* (19 kilomètres) ; — à 1,500 mètres au-dessous de Saint-Michel (rive droite), la *Nouère*, qui baigne Rouillac et reçoit le *Fondion* ; — à Nersac (rive gauche), la *Boëme* (25 kilomètres), qui passe à Charmant, sous le viaduc des Coutaubières, à Mouthiers, à la Couronne et fait mouvoir de nombreuses papeteries, ainsi que les Eaux-Claires et la Charrau ; — à 2 kilomètres au-dessous de Sireuil (rive gauche), le *ruisseau de Claix* ; — à Châteauneuf (rive gauche), le *Biau*; — à Graves (rive droite), la *Guirlande*; — à Graves (rive gauche), le *Grand-Riz*; — au-dessous de Jarnac (rive droite), la *Tenaie*; — à Bourg-Charente (rive gauche), la *rivière de Veillards*; — au-dessus de Saint-Brice (rive gauche), la forte *source de Gensac*; — au-dessus de Cognac (rive droite), la *Soloire* (27 kilomètres), grossie du *Thidet* et du *Tourtrat*, ou *Garonne de Sonneville*; — au-dessus de Merpins (rive droite), l'*Antenne*, qui, venant de la Charente-Inférieure, n'a dans la Charente qu'un cours de 17 kilomètres sur 50 de longueur totale ; — au-dessous de Merpins (rive gauche), le Né (70 kilomètres), qui, formé près de Voulgezac, baigne Blanzac et reçoit le *Pont-Ramé*, l'*Arce* (24 kilomètres), l'*Ecly*, le *Lamaury* (20 kilomètres), le *Beau*, grossi de la *Gourdine* et du *Condéon*, et la *Mothe*.

La **Touvre** (10 kilomètres), plus considérable que la Charente, au moins en été, est une large, vive et limpide rivière formée par les plus belles sources de France : le Bouillant, le Dormant et la Lèche. Le Dormant et le Bouillant sont deux abîmes dont les noms révèlent assez l'aspect : le *Dormant*, gouffre immobile et sinistre, aux eaux assombries par une profondeur de 24 mètres et par l'ombre du demi-cercle de collines presque à pic qui l'environnent, forme sans bruit un bras de rivière. De beaux arbres trempent leurs racines dans son eau glaciale, mais l'espèce d'entonnoir formé par les coteaux est d'une stérilité désolée. A 100 mètres du Dormant, le *Bouillant*, où l'ascension des eaux centrales est quelquefois de 30 centimètres au-dessus du niveau général du gouffre, profond de 12 mètres, déverse avec fracas une autre rivière qui en reçoit immédiatement une troisième, beaucoup plus petite, la Lèche, née, à une faible distance, dans un bassin marécageux où se jette le ruisseau de l'Échelle. D'autres sources, d'une extrême abondance, jaillissent dans le lit même du Bouillant et du Dormant.

Le Dormant, le Bouillant et la Lèche sont le déversoir de lacs souterrains alimentés par la *Bellonne*, le *ruisseau de Marillac*, le *ruisseau d'Ivrac*, la Tardoire et le Bandiat, qui se perdent dans des gouffres, à l'est de la forêt de la Braconne, à 10 et 20 kilomètres des sources. La Tardoire et le Bandiat, venus des hauteurs granitiques et boisées du Limousin et du Nontronnais, coulent dans l'Angoumois. La **Tardoire**, qui naît dans la Haute-Vienne, au-dessus de Chalus, met en mouvement des forges et sert de limite au département sur 15 kilomètres environ. Elle y coule sur plus de 30 kilomètres quand ses eaux vont jusqu'au pont d'Agris, et sur près de 50 kilomètres quand elles coulent jusqu'à la Bonnieure et à la Charente. Elle passe à Montbron et à la Rochefoucauld. Jusqu'à Montbron, la Tardoire serpente, sans perdre ses eaux, dans des gorges étroites, profondes parfois de 100 à 150 mètres. A Montbron, ces gorges, s'élargissant, forment une vallée de prairies, et la Tardoire commence à s'engouffrer dans des failles béantes et des crevasses pleines de rocs entassés, ou à filtrer dans des couches de sable cachant des fissures; dans les temps secs ou mi-pluvieux, elle n'a guère que la moitié de ses eaux à la Rochefoucauld, et n'en a plus au pont d'Agris. — La Tardoire reçoit, dans le département de la Charente, le *ruisseau des forges de Montison*, la *Renaudie*, le *ruisseau d'Orgedeuil* et, quand les pluies sont fortes, la *Bellonne*.

Le **Bandiat** (30 kilomètres environ dans le département) passe à Marthon. Moins abondant que la rivière dont il partage la destinée, il fuit sous terre dans des gouffres plus grands, plus pittoresques, plus hardiment coupés que ceux de la Tardoire. C'est à peu près à son entrée dans le département, vers Souffrignac, qu'il transforme, lui aussi, ses gorges en une vallée. Vers Feuillade se montrent les premiers entonnoirs; ils se multiplient au-dessus de Pranzac; en face de ce village, sur la rive gauche, s'ouvre un gouffre bien dessiné; à 5 kilomètres plus bas, sur la même rive, au-dessous de Bunzac, le gouffre de Chez-Roby, le plus beau de tous, engloutirait, à lui seul, le Bandiat qu'une digue de moulin sauve du précipice; à un peu plus d'un kilomètre en aval, se montre un nouveau gouffre, toujours sur la rive gauche, en face du château de Puy-Vidal; dans les temps ordinaires, le gouffre de la Caillère engloutit avec bruit les dernières eaux de la rivière. Par les fortes pluies, le Bandiat va se jeter, au-dessus du pont d'Agris, dans la Tardoire, qui coule alors aussi jusqu'à ce pont, et va même, mais seulement dans les crues exceptionnelles, rejoindre la Bonnieure à Saint-Ciers et se jeter avec elle dans la Charente à Puygelier, à 2 kilomètres au-dessus de Mansle.

La Touvre passe au pied du coteau qui porte l'église de Touvre, met en mouvement les fonderies de Ruelle, des papeteries, des moulins, traverse une charmante vallée, passe au-dessous de Pontouvre, sous le chemin de fer de Paris à Bordeaux et se jette, à 2 kilomètres au-dessus d'Angoulême, dans la Charente. — Elle reçoit l'*Échelle* (18 kilomètres), la *Viville* et la *Font-Noire*.

Au bassin de la Charente appartiennent encore, dans le département, des ruisseaux qui, directement ou indirectement, vont se perdre dans la Seugne, l'une des principales rivières de la Charente-Inférieure : ce sont le *Trèfle*, qui passe à 1,500 mètres de Barbezieux, le *Tâtre*, le *Pharon*, qui arrose Baignes, et la *Pimparade*.

Bassin de la Gironde. — La Gironde, navigable pour les grands vaisseaux, est un vaste estuaire où débouchent, sur un point dit le Bec-d'Ambès (département de la Gironde), deux grandes rivières, la Garonne et la Dordogne, qui ne passent ni l'une ni l'autre sur le territoire de la Charente. Le bassin de la Gironde comprend environ 75,000 hectares, plus du huitième du département

Saint-Germain-sur-Vienne, d'après un dessin de M. Gustave Grobot.

Les cours d'eau de ce bassin ne vont pas directement à la Gironde, mais à l'Isle, affluent de la Dordogne. La **Dronne** est une belle rivière, la troisième ou la quatrième du département par son débit, qui ne diminue beaucoup que dans les étés exceptionnels. Venue à travers des craies du département de la Dordogne, des granits de la Haute-Vienne, elle passe à Aubeterre et reçoit la *Nizonne* (grossie de la *Manoure*, du *Vouthon* et du ruisseau de *Ronsenac* ou *Grande-Fontaine*), l'*Ausonne*, la *Beauronne*, la *Tude* (43 kilomètres), où tombent le *Fort*, les *Viauds*, la *Font de Chez-Poisnaud*, la *Viveyronne*, grossie de l'*Ausonne*, et l'*Argentonne*. La Dronne se jette dans l'Isle à la Fourchée, près de Laubardemont (Gironde).

Le *Lary*, affluent de l'Isle, et le *Palais*, affluent du Lary, faibles ruisseaux, naissent dans des collines stériles de 120 à 172 mètres d'altitude.

Bassin de la Loire. — Ce bassin comprend environ 68,000 hectares, plus du neuvième du département. La Loire naît dans les montagnes de l'Ardèche, sur le flanc du Gerbier-de-Joncs, montagne d'origine volcanique, à 1562 mètres d'altitude. Elle ne touche point le département de la Charente, mais elle en reçoit la Vienne, l'un de ses principaux affluents.

La **Vienne**, la première rivière du département, vient des granits de la Creuse, de la Corrèze et de la Haute-Vienne. Elle a un cours de plus de 40 kilomètres dans le département de la Charente, où elle baigne Chabanais, Confolens et Saint-Germain, et où elle reçoit la *Grenne*, le *Puy*, le *Goire* (27 kilomètres) grossi de la *Brouillette*, le *Clairet* et l'*Issoire* (40 kilomètres) où tombe la *Marchadène* (21 kilomètres). Hors du département, la Vienne recueille le *Blourds* et le *Clain*, qui, sorti d'un étang à 202 mètres d'altitude, n'a dans la Charente que 6 kilomètres de cours et passe dans le département de la Vienne ; un de ses tributaires, la *Préhobe*, naît aussi sur le territoire charentais.

Étangs. — Il n'y a guère d'étangs que dans l'arrondissement de Confolens, où l'on en compte une soixantaine, souvent utilisés pour des moulins ou des forges; celui de *la Courrière* a 46 hectares; celui de *Sérail*, 42; l'étang des *Champs*, d'où sort la *Blourds*, affluent de la Vienne, en a 30; celui de *Malambeau*, 25; celui des *Sèches*, 20; l'étang *Neuf* en a 15, ainsi que l'étang de *Saint-Estèphe* et celui des *Écures*.

IV. — Climat.

Le département de la Charente appartient au *climat girondin*, l'un des sept climats, soit continentaux, soit maritimes, entre lesquels on partage ordinairement la France. Ce climat est ainsi nommé parce qu'il règne dans le bassin de la Gironde; mais il règne ailleurs; avec les variations que comportent la latitude et l'altitude, le voisinage plus ou moins immédiat de l'Océan Atlantique et la nature du sol, il s'étend de la Basse-Loire aux Pyrénées. Le climat de la Charente peut être caractérisé ainsi : température douce, froids modérés, gelées et fortes chaleurs rares; neige presque inconnue; pluies fréquentes. Le sol s'abaissant de l'est à l'ouest et se rapprochant en même temps de la mer, le climat est d'autant plus *maritime*, c'est-à-dire d'autant plus doux et plus égal, que l'on s'avance vers les frontières de la Charente-Inférieure, et d'autant plus continental, c'est-à-dire d'autant plus inégal, plus froid ou plus chaud, que l'on se dirige en sens contraire vers les collines de Confolens et la lisière du Nontronnais et du Limousin.

La *moyenne annuelle* d'Angoulême (100 mètres environ d'altitude) est, comme celle du département de la Charente-Inférieure, d'environ 12°,7, soit supérieure de 2° à celle de Paris, inférieure de 1° à celle de Bordeaux. La moyenne de la hauteur barométrique est de 751 millimètres, l'oscillation barométrique, de 35 millimètres (729 à 764 millimètres). Si l'on prend l'année 1850 pour type du climat charentais, cette année donne un minimum de — 4° et un maximum de + 34° à l'ombre et au nord; 4 jours de neige,

12 de gelée, 6 de tempête, 12 de tonnerre, 6 de grêle, 27 de brouillard, 64 de pluie, 83 de temps variable, 151 de beau temps. Cette année, comme dans toutes les autres, les pluies tombèrent surtout d'octobre à février, car la Charente fait partie de la région dite des pluies d'automne. Le vent du nord-ouest souffla pendant 29 jours; le vent d'ouest, pendant 52 jours; le vent d'est, redoutable au printemps pour la végétation, et le vent du sud-est, chacun 43 jours; le nord-est, pendant 46; le sud-ouest, pendant 50; et le sud, pendant 71 jours.

Si toute l'eau tombée du ciel pendant l'année restait sur le sol sans être absorbée par lui ou évaporée par le soleil, elle formerait, dans les 12 mois, une nappe de 80 centimètres à 1 mètre d'épaisseur. La moyenne de la France est de 77 centimètres.

V. — Curiosités naturelles.

Si les sites riants abondent dans le département de la Charente, les grands paysages et les grandes curiosités naturelles y sont rares. Nous avons déjà parlé des sources de la Touvre, merveille du sud-ouest, des pertes du Bandiat et de la Tardoire, des créneaux de rochers couronnant les escarpements des vallons voisins d'Angoulême; il ne nous reste donc à citer que : la forêt de la Braconne, avec sa Fosse de Dufaix, sa Fosse-Mobile, sa Fosse-Limousine, sa Grande-Fosse (50 mètres de profondeur, 300 à 400 mètres de diamètre), gouffres formés par affaissement dans le calcaire lithographique; les immenses *grottes de Montgaudier* (commune d'Ecuras, rive droite de la Tardoire); les vastes *grottes* à stalactites *de Rancogne*, au nombre des plus remarquables de France par leur étendue, s'ouvrant sur la rive gauche de la Tardoire; les *grottes de Souffrignac* (rive gauche du Bandiat); les *grottes de Rochecorail* (commune de Trois-Palis, sur le bord de la Charente), et les fortes *sources de Veillards, de Gensac* et *de Ronsenac*.

VI. — Histoire

On ne sait rien de précis sur la période gauloise et romaine de l'histoire de la vallée supérieure de la Charente. Aucun nom des anciennes peuplades gauloises n'y a survécu, quoique on y rencontre un certain nombre de monuments remontant à des âges lointains. A Saint-Fort se remarque un dolmen [1] de 7 mètres et demi de longueur sur 4 mètres de largeur, et qui repose sur huit piliers. A 3 kilomètres au nord-est de Luxé s'élève le tumulus de la Follatière, qui a 20 mètres de hauteur, et, près du village de Fontenille, cinq tombelles attirent l'attention de l'archéologue.

Les savants n'ont pu encore, malgré d'importants travaux, reconstituer, comme on l'a fait pour le pays voisin de la Saintonge et du Poitou, la physionomie du pays de la Charente supérieure pendant les cinq siècles de l'occupation romaine. On s'accorde toutefois à reconnaître qu'Angoulême était une ville gauloise, et son nom se trouve dans les vers du poëte Ausone, du IVe siècle. Ce nom se retrouve ensuite écrit de manières très-différentes dans les chroniques latines postérieures aux invasions : *Icolisma, Inculisma*, etc. Dans l'inventaire ou *Notice des provinces des Gaules* faite sous Honorius et publiée plus tard par le moine Jacques Sirmond, cette ville est signalée comme une des quatorze cités de la nouvelle Aquitaine, et elle est désignée sous le nom de *Civitas Ecolismensium*. C'était dès lors une cité importante du pays des Santons mais

---

1. *Liste des dolmens et allées couvertes du département de la Charente, d'après les documents recueillis par la commission de topographie des Gaules.*

Communes d'Ansac, 1. — Balzac, 1. — Barro, 1. — Bessé, 1. — Bourg-Charente, 1. — Bric-de-la-Rochefoucauld, 1. — Bunzac, 1. — Cellefrouin, 1. — Cellettes, 2. — Chalignac, 1. — Châteauneuf, 1. — Dignac, 1. — Dirac, 1. — Edon, 1. — Esse, 1. — Fontenille, 5. — Ligné, 1. — Lonnes, 1. — Luxé, 3. — Massignac, 1. — Petit-Lessac, 1. — Puyréaux, 1. — Ronsenac, 1. — Saulgond, 1. — Soyaux, 1. — Saint-Brice, 1. — Saint-Estèphe, 1. — Saint-Germain-sur-Vienne, 1. — Saint-Mesme, 1. — Trois-Palis, 1. — Verteuil, 1. — Vervent, 1.

n'ayant aucun autre nom ni de province, ni de peuple. Quant à la ville de *Condate* marquée sur la Table Théodosienne, on ne sait où la placer, et peut-être faut-il la mettre au petit bourg de Condat ou Condac près de Ruffec, plutôt qu'à Cognac. Un auteur de dissertations érudites sur l'Angoumois, Eugène Castaigne, veut aussi qu'il y ait eu une peuplade du nom de *Cambolectri* dont il place la ville à *Combiers*.

Dans ces dernières années, des fouilles considérables ont mis au jour les restes d'un théâtre romain, au lieu dit le bois des Bouchauds (en latin *Boscaliæ*), entre Saint-Cybardeaux et Genac, ce qui suppose dans le voisinage une population, une ville. Près de ce lieu, du reste, passait une voie romaine allant de Limoges à Saintes et traversant probablement Chassenon (Cassinomagus?), où se voient les restes d'un temple de Diane et d'autres monuments antiques, puis à Sainte-Sévère, canton de Jarnac, où se voient les restes d'un camp romain. Un archéologue de l'Angoumois, s'autorisant de ces ruines, place dans cette contrée les *Agesinates* de Pline et faisait dériver d'Agenacum le nom du village de Genac.

Les origines du christianisme dans le département actuel de la Charente ne sont guère mieux connues. Le premier évêque d'Angoulême fut, dit-on, saint Ozonne ou Ausonne, qui y apporta la foi et qui y souffrit le martyre; mais, selon les uns, il fut disciple et contemporain de Martial de Limoges, qui lui-même l'aurait été des Apôtres et premiers disciples de Jésus-Christ. D'autres font vivre saint Martial du temps de l'empereur Decius. Cette diversité d'opinions, que l'on retrouve pour les origines chrétiennes dans presque toutes nos provinces, a donné lieu à d'importantes discussions, ravivées de nos jours. Des écrivains fort instruits ont essayé de démontrer que saint Martial vivait au premier siècle, ce qui ferait remonter également à cette époque l'église fondée par son disciple saint Ausonne. Ils ont même obtenu un jugement de la Congrégation romaine des Rites reconnaissant à saint Martial le titre d'apôtre et autorisant l'Église de Limoges à le lui conserver dans la liturgie romaine.

Ruffec.

L'Angoumois, quoique province obscure et comprise par les Romains dans l'Aquitaine, n'échappa point aux ravages des barbares : les Vandales y entrèrent par le nord (406), mais ne firent qu'y passer; les Wisigoths vinrent par le midi, mais ils s'y établirent, et l'Angoumois, comme le reste de l'Aquitaine, fit partie de leur royaume jusqu'à la conquête franque (507). L'arrivée des Francs était désirée, et, suivant la tradition ecclésiastique, lorsque Clovis parut devant Angoulême, les murs de cette nouvelle Jéricho tombèrent d'eux-mêmes, pour livrer passage au nouveau Josué qui venait délivrer le pays de la domination des Ariens. L'Angoumois subit toutes les vicissitudes de l'Aquitaine dans les guerres civiles des fils de Clovis et de Clotaire, qui se disputèrent ses villes opulentes. Angoulême reconnut un moment l'usurpateur Gondovald, qui se faisait passer pour un fils de Clotaire Ier et qui luttait contre le roi de Bourgogne Gontran. Puis vint la terrible invasion des Arabes de 732, qui inonda tout le Midi et le Centre de la Gaule. Même après la bataille de Poitiers, des bandes de Maures restèrent dans l'Angoumois, et un certain nombre d'entre eux finirent par se fondre dans la population, particulièrement au Temple et dans les environs de Sigogne et de Dirac Les *Sarrazin* et les *Maurin* ont été très-nombreux dans l'Angoumois, et quelques hameaux y portent encore des noms rappelant les Maures et les Sarrazins.

Dans la lutte que Pépin le Bref soutint contre les ducs d'Aquitaine, il prit Angoulême et saccagea cette ville. Mais bientôt cette cité, relevée de ses ruines, devient un point d'appui pour Charles, fils de Pépin, dans les dernières guerres contre Hunald. Angoulême appartient décidément aux Francs comme le reste du Midi; cependant, elle aura encore plus d'une fois à souffrir des guerres acharnées que fera éclater, à des époques diverses, l'hostilité des provinces septentrionales et des provinces méridionales, qui lutteront longtemps avant de se confondre en une seule et même patrie.

Les Normands trouvèrent en arrivant dans la vallée de la Charente plus de difficultés que partout ailleurs : sans doute

Cathédrale d'Angoulême.

ils ne craignirent point de suivre les mille replis de la rivière et de s'attaquer aux bourgades, aux abbayes perchées sur les coteaux. Mais ils rencontrèrent des ennemis sérieux, sachant profiter des avantages du pays et, protégé par les fiers remparts d'Angoulême, le comte Turpio ou Turpin soutint énergiquement la lutte (839-863). A son frère Emenon (863-866) succéda *Wulgrin I*er (866-886), qui dépassa ces premiers comtes par ses exploits et établit tellement sa puissance sur le pays que le comté devint dès lors héréditaire. Le comté d'Angoulême fut donc une des premières et des plus illustres seigneuries créées en France. Il passa à Aldoin, fils aîné de Wulgrin, tandis qu'un autre de ses fils devint comte du Périgord.

Les comtes d'Angoulême jouent alors un rôle important, et se font remarquer par leur courage et leur force physique. On attribue à *Guillaume I*er *Taillefer* (946-962) l'exploit dont on fait honneur à plus d'un guerrier de ce temps : il aurait fendu un Normand, cotte de mailles, chair et os, d'un seul coup de hache d'armes. Guillaume II (988-1028) guerroya pour le duc d'Aquitaine et en reçut pour récompense les seigneuries de Ruffec, de Chabanais, de Confolens. Guillaume III (1089-1120) s'acquit une réputation spéciale par sa force prodigieuse, sa brutalité, son esprit batailleur. Guillaume III et Guillaume IV (1140-1177) prennent part aux Croisades. A ce moment, le passage de l'Angoumois sous la suzeraineté des rois d'Angleterre, par suite du mariage d'Éléonore de Guyenne avec Henri Plantagenet, provoque de nouvelles guerres. *Adhémar* ou *Aymar* (1185-1218) se révolte contre son suzerain, le terrible Richard Cœur-de-Lion, qui prend Angoulême après un assaut des plus meurtriers (1194). Ce prince a raconté lui-même ce fait dans une lettre qu'il adressait à Hubert, archevêque de Cantorbéry et par laquelle il lui annonçait que, durant la campagne d'Aquitaine, il avait fait prisonniers près de 300 chevaliers et environ 40,000 soldats.

La fille d'Aymar, Isabelle, avait été fiancée à *Hugues IX de Lusignan*, comte de la Marche. Jean Sans-Terre l'enleva et la fit reine d'Angleterre. Mais, après la mort de Jean Sans-Terre, elle revint dans son pays et épousa Hugues X de Lusignan: l'Angoumois passait ainsi à la maison de Lusignan. Toutefois Isabelle n'oublia point qu'elle avait été reine, et sa fierté excita le fameux comte de la Marche, devenu le beau-père du roi d'Angleterre, Henri III, à refuser l'hommage au nouveau comte de Poitiers, Alphonse, frère de saint Louis. Les victoires de saint Louis à Taillebourg, à Saintes (1242) forcèrent Hugues et Isabelle à se soumettre et à accepter les dures conditions qui leur furent imposées. Hugues le Brun (1245-1260) eut avec Robert de Montbron, évêque d'Angoulême, de grandes contestations qui se terminèrent par l'humiliation publique du comte. Celui-ci fut condamné à mener l'évêque et son clergé, de Saint-Ausonne à la cathédrale, nu-pieds, nu-tête et en chemise.

Le comté d'Angoulême ne tarda pas à revenir au domaine royal. Gui de Lusignan étant mort jeune (1308) sans enfants, Philippe le Bel, qui convoitait la riche succession du comte de la Marche, fut assez habile pour amener toute la famille du comte Gui à traiter avec lui. Yolande, sœur de Gui, n'eut que la jouissance des comtés de la Marche et d'Angoulême.

Mais la guerre de Cent-ans rouvrit l'ère des troubles. L'Angoumois fut une proie vivement disputée aux Français par les Anglais : la ville d'Angoulême fut perdue en 1345, reprise en 1349 par les Français, et définitivement cédée aux Anglais par le traité de Brétigny (1360). Le prince de Galles ou prince Noir fit même de cette ville son séjour favori ; son gouvernement toutefois ne tarda pas à faire regretter la domination française. Ses airs impérieux et trop hautains, sa préférence envers ceux de sa nation, et un tribut extraordinaire qu'il voulut lever, sous le nom de fouage, sur ses peuples, firent accueillir comme des libérateurs les soldats de Charles V. En vain Chandos voulut-il faire d'Angoulême le point d'appui de ses opérations contre les Français. En 1372, les habitants ayant appris que Henri Haye, leur gouverneur anglais, avait été défait avec une partie de sa garnison, attaquèrent les troupes anglaises qui étaient demeurées dans la ville, et ouvrirent leurs portes à

Charles V. Les Français reprirent ensuite Cognac et Merpins. Châteauneuf résista plus de quatre ans. Le frère de Charles V, Jean de Berry, avait reçu la mission de terminer la conquête, et réduisit les autres châteaux tels que Verteuil, Jarnac, la Roche-chandry.

En 1392, Charles VI donna en échange à Louis, son frère, le duché d'Orléans et le comté d'Angoulême. Après sa mort, l'un de ses fils, *Jean*, devint comte d'Angoulême, tandis que l'autre, Charles, recevait le duché d'Orléans. Ces deux princes devinrent la tige de deux branches de la famille des Valois : Valois-Orléans, Valois-Orléans-Angoulême. Jean, comte d'Angoulême, demeura trente-deux ans captif en Angleterre comme otage, mais, après son retour, il travailla activement avec les généraux de Charles VII à expulser les Anglais, qui avaient de nouveau occupé le pays. Jean mérita par sa sage administration le surnom de *Bon*. Les temps changent, le moyen âge finit.

Avec le moyen âge va finir aussi l'existence quasi indépendante du comté d'Angoulême. A Jean succéda *Charles*, son fils, qui épousa Louise de Savoie et mourut peu de temps après la naissance de son fils *François*. Ce jeune comte d'Angoulême fut adopté par son cousin le roi de France, et, Louis XII étant mort lui-même sans héritier, la couronne revint à *François*, qui fut le *dernier comte d'Angoulême* et le *premier* de son nom dans la liste des *rois* de notre pays (1515). François Ier érigea d'abord le comté d'Angoulême en *duché-pairie* et en laissa la jouissance à sa mère, Louise de Savoie. Le duché d'Angoulême fut sans doute encore donné en apanage à des princes de la famille royale, mais il vécut dès lors de la vie commune de la France.

Bien qu'aimé du roi, qui le considérait comme son berceau, l'Angoumois ne put échapper aux impôts excessifs et odieux tels que la gabelle. François Ier supprima la gabelle presque aussitôt après l'avoir établie; mais *Henri II* voulut l'imposer de nouveau, et un soulèvement en masse eut lieu dans les campagnes. Un seigneur du nom de Puymoreau, Bois-Ménier, de Blanzac, et Jean Mereaud, curé de Cessac, commandaient les bandes angoumoises ; Tallemagne, espèce d'hercule, jadis maréchal-ferrant à Guîtres, était grand coronel ou chef d'une des bandes de la Guyenne; ses soldats s'appelèrent les Guîtres, nom qui passa à toutes les troupes de l'insurrection, appelées

Statue de François Ier, à Cognac.

aussi les Pétauds. A la revue générale de Baignes, un seul corps de révoltés, la grande bande de Blanzac, comptait 40,000 à 50,000 hommes. La répression de la révolte fut terrible, et le fameux connétable de Montmorency se montra impitoyable comme il l'avait été en Guyenne et en Saintonge.

Aucune des épreuves de la France ne fut donc épargnée à l'Angoumois, qui devint l'un des principaux théâtres des guerres civiles religieuses. La réforme s'était propagée dans le pays, et Calvin était venu répandre ses doctrines à Angoulême. Les passions religieuses s'exaltèrent même à tel point qu'elles produisirent des fanatiques comme *Poltrot de Méré*, seigneur d'Angoumois, qui tua le duc de Guise au siége d'Orléans en 1563. Mais bientôt le parti protestant s'organise fortement dans les provinces de l'Ouest. La Rochelle devient la citadelle du parti, et les bords de la Charente vont devenir une ligne stratégique que les réformés défendront à outrance. Ils tiennent Cognac, Châteauneuf, Angoulême. En 1569, Coligny et Condé se préparent à tenir tête aux catholiques qui avancent conduits par le duc d'Anjou et le maréchal de Tavannes. Coligny se trouvait établi à l'abbaye de Bassac, le prince de Condé à Jarnac. Les catholiques réussissent à surprendre le passage du fleuve. Alors Coligny voulut battre en retraite sur Jarnac et Cognac, mais l'ennemi le serrait de près. Il fallut combattre entre des ruisseaux, des étangs, des haies. Condé, prévenu, arriva, quoique déjà blessé lui-même d'un coup de pied de cheval. Sa charge impétueuse renversa d'abord tout ce qu'elle rencontra, mais sa petite troupe fut bientôt engloutie dans les masses de la gendarmerie et des reîtres, et Condé tomba sous son cheval expirant. Il se rendit. Ce fut alors que Montesquiou, capitaine des gardes du duc d'Anjou, le tua traîtreusement d'un coup de pistolet. Le nom de Jarnac, déjà devenu fameux par le duel d'un de ses seigneurs contre la Châtaigneraie[1] sous le règne d'Henri II, acquérait encore une triste célébrité. Les protestants, malgré la sanglante défaite de Jarnac, défendirent énergiquement la ville de Cognac. L'armée catholique menaça inutilement Angoulême, Coligny rétablit par sa bravoure intelligente les affaires du parti protestant, mais la nouvelle victoire remportée la même année par les troupes du duc d'Anjou à Moncontour, en Poitou, termina la campagne à l'avantage des catholiques.

---

1. D'un coup imprévu appris d'un bretteur italien, le comte de Jarnac avait tranché le jarret de son adversaire. De là le nom de coup de Jarnac.

Angoulême.

L'Angoumois ne vit plus, après ces luttes, les grandes armées se combattre sur son territoire : elles ne firent que le traverser, mais le parti catholique reprit le dessus. Angoulême, accordée aux protestants comme place de sûreté par la paix de Beaulieu, ne voulut point recevoir les troupes protestantes. La Ligue recruta de nombreux partisans dans le pays, et Angoulême, en 1588, fut le théâtre d'une échauffourée qui faillit coûter la vie au duc d'Épernon. Celui-ci, gouverneur de la province pour Henri III, allié alors au roi de Navarre aux protestants, fut tout à coup assailli dans le château par le maire de la ville, François Normand, et une troupe d'hommes furieux. D'Épernon n'eut que le temps de se barricader : il lui fallut soutenir un siége en règle, car le peuple s'était joint aux premiers assaillants. La bravoure et la vigilance du duc le sauvèrent ; avec ses gentilshommes il repoussa toutes les attaques, vécut quatre jours avec un peu de pain, mais tint bon jusqu'à ce que les secours arrivassent. Le maire, François Normand, fut mortellement blessé dans des assauts livrés ainsi à une poignée d'hommes par tout un peuple. On sait que les passions ne s'éteignirent même point après l'avénement d'Henri IV. Un fanatique ignorant et grossier, qui pourtant avait été maître d'école, et qui était né sur les bords de la Touvre, François *Ravaillac*, vint à Paris et poignarda celui qu'on peut appeler à juste titre le plus grand et le meilleur de nos rois (1610).

Le même duc d'Épernon se trouvait, ce jour-là, dans le carrosse du roi, et l'on a, bien à tort, essayé d'établir entre lui et le misérable Ravaillac quelque complicité. Ce fut encore ce duc d'Épernon qui, sous le règne de Louis XIII, alla délivrer la reine Marie de Médicis captive à Blois, et la conduisit à Angoulême (1619), où elle demeura jusqu'à ce qu'elle eût conclu avec son fils l'accommodement dit d'Angoulême. Ce fut pendant ce séjour de Marie de Médicis à Angoulême que l'évêque de Luçon, devenu depuis le cardinal de Richelieu, se rendit auprès d'elle et qu'il commença à gagner sa faveur, dont il se servit pour en acquérir une plus grande auprès du roi son fils, et contre elle-même. Le frère de l'évêque de Luçon, le chef de la maison de Richelieu, se trouvait aussi dans cette ville. Un jour le marquis de Thémines monté sur un bidet le rencontra. Il mit pied à terre ; ils partirent ensemble ; l'entretien ne fut pas long. On leur vit incontinent l'épée à la main ; le marquis se plia et gagna le dessous de celle de Richelieu qui était plus longue que la sienne. En se pliant, il reçut un coup qui allait tout le long du dos et ne faisait qu'effleurer la peau, mais de la sienne il atteignit au cœur le duc de Richelieu, qui tomba raide mort. Peut-être ce combat, qui peint si bien les mœurs guerrières du temps, fut-il l'origine de la haine que l'évêque de Luçon, devenu premier ministre, voua aux duellistes et le motif qui lui fit déployer tant d'énergie dans la répression de cette coutume barbare autant qu'absurde.

L'Angoumois ressentit ensuite le contre-coup des guerres de la Fronde. En 1651, le prince de Condé se fit battre devant Cognac, mais les escarmouches n'altérèrent point profondément le calme de la contrée. Ce qui porta un coup plus funeste à sa prospérité, ce fut la révocation de l'Édit de Nantes (1685). Cette mesure fatale dépeupla le pays : Jarnac, Cognac, Segonzac perdirent leurs habitants les plus laborieux, et l'industrie se trouva arrêtée dans son essor. Pays central, la province de l'Angoumois demeura d'ailleurs à l'abri des invasions, et ne tarda point, au dix-huitième siècle, à retrouver sa prospérité, qui depuis n'a pas été interrompue. Les habitants de l'Angoumois et du département actuel de la Charente ont acquis de nos jours une place importante parmi les populations agricoles et industrieuses de notre pays. Elles honorent aujourd'hui la France en l'enrichissant comme elles l'ont honorée jadis par les vaillantes familles sorties de leur sein.

VII. — Personnages célèbres.

Dixième siècle. — Aimoin, poëte et historien ecclésiastique.
Onzième siècle. — Adhémar ou Aymar de Chabanais, auteur de la *Chronique de France.*

Treizième siècle. — Richard de Barbezieux et Raimond Jourdan, troubadours.

Quinzième siècle. — Octavien de Saint-Gelais, évêque d'Angoulême, poëte français et latin.

Seizième siècle. — Marguerite de Valois ou d'Angoulême (1492-1549), sœur de François Ier, grand'mère d'Henri IV, reine de Béarn, conteur charmant, poëte gracieux, simple et quelquefois inspiré, auteur de l'*Heptaméron*. — André Thevet, géographe et historien des plus crédules. — Elie Vinet, traducteur, critique, savant, écrivain d'une charmante naïveté de style. — Maître Jacques d'Angoulême, sculpteur qui triompha, dit-on, dans un concours, de Michel-Ange lui-même. — Mellin de Saint-Gelais (1491-1550), fils ou neveu de l'évêque Octavien, l'un des poëtes marquants du xvie siècle, renommé pour ses épigrammes. — De la Peruse, poëte élégiaque, auteur de *Médée*, l'une des premières tragédies jouées en France. — Corlieu, écrivain et historien d'un style charmant.

Dix-septième siècle. — Le père Garasse, jésuite, polémiste et poëte latin et français. — Balzac (1597-1654), écrivain correct, élégant, mais affecté, qu'on appela jadis un peu ambitieusement le *restaurateur de la langue française*. — La Rochefoucauld (1613-1680), l'immortel auteur des *Maximes*. — Gourville, dont les mémoires sont importants pour l'histoire du siècle. — La Quintinie, directeur des jardins royaux, l'un des théoriciens de la culture fruitière et potagère

Dix-huitième siècle. — Rivet de la Grange, bénédictin, auteur d'une *Histoire littéraire de la France*. — Chateaubrun, auteur des *Troyennes*, tragédie qui resta assez longtemps au théâtre. — Marc-René de Montalembert, ingénieur militaire. — Coulomb, physicien, inventeur de la *balance de torsion*. — Goursaud, chirurgien qui pratiqua le premier l'œsophagotomie. — Dulau, archevêque d'Arles, l'un des chefs du parti religieux pendant la Révolution. — Lechelle, le vainqueur de Cholet, le vaincu de Laval dans les guerres de la Vendée. — Chancel et Rivaud, généraux de la République.

Dix-neuvième siècle. — Dupont-Chaumont, Valleteau, Deviau, Chemineau, généraux de la République et de l'Empire. — Dupont de l'Étang, traducteur en vers et poëte médiocre, mais général brillant jusqu'au jour où il signa la capitulation de Baylen. — Le général Bourgon, tué en 1848. — Le docteur Bouillaud, une des gloires de la Faculté de Paris, et un des maîtres de la science médicale moderne.

Château de la Rochefoucauld.

VIII. — Population, langues, cultes, instruction publique.

La *population* du département de la Charente s'élève, d'après le recensement de 1881, à 370,822 habitants. A ce point de vue, c'est le 31ᵉ département. Le chiffre des habitants divisé par celui des hectares donne 63 habitants par 100 hectares ou par kilomètre carré : c'est ce qu'on appelle la *population spécifique.* La France entière ayant 69 à 70 habitants par kilomètre carré, il en résulte que la Charente renferme, à surface égale, 6 à 7 habitants de moins que l'ensemble de notre pays.

Depuis 1801, date du premier recensement officiel, la Charente a gagné 71 793 habitants.

Il y a deux langues dans la Charente : le français, proprement dit, ou langue d'oil, se parle dans les régions qui furent jadis le pays des *Santones* et des *Pictavi*; la langue d'oc, ou langue romane, règne dans les districts qu'occupèrent les *Lemovices* et les *Petrocorii.* C'est dans le dialecte confolentais de cette dernière que sont écrites les fables de Foucaud, chef-d'œuvre auquel répondent, dans l'autre zone linguistique du département, les fables de M. Burgaud-Desmarets, merveilleux monument de finesse et de naïveté saintongeaises. Aujourd'hui la langue romane, dont les jours sont comptés, car elle se modifie journellement au contact du français, se parle (concurremment avec le français dans les villes) dans les deux cantons de Confolens, dans ceux de Chabanais, de Saint-Claud, de Champagne-Mouton, de Montembœuf, de la Rochefoucauld, de Montbron et dans une partie de ceux d'Angoulême, de la Valette, de Montmoreau et d'Aubeterre, soit environ dans 105 communes. Les dernières communes romanes du côté de l'ouest sont, du nord au sud, Benest, Champagne-Mouton, Chassiecq, Turgon, Beaulieu, Cellefrouin, la Tache, Saint-Mary, les Pins, la Rochette, Agris, Rivières, Saint-Projet-Saint-Constant, Bunzac, Pranzac, Bouex, Sers, Dignac, Villars, Magnac-la-Valette, Ronsenac, Garat, Vaux-la-Valette, Salles-la-Valette, Bors, Pillac et Saint-Séverin. Sur les 373,000 habitants du département, 95,000 au plus se servent de la langue romane; c'est le quart de la population.

Les *cultes* sont inégalement partagés : sur les 370,822 habitants de 1881, on ne compte guère que 4000 protestants environ; ces derniers habitent surtout les villes commerçantes, telles que Angoulême, Jarnac, Cognac, Segonzac, Mansle; ils sont généralement plus riches et plus instruits que leurs compatriotes catholiques. Le nombre des Juifs est d'une trentaine.

Le nombre des *naissances* a été, en 1880, de 7 856 ; celui des *décès*, de 8 202 ; celui des *mariages*, de 2 910.

La *vie moyenne* est de 40 ans 1 mois.

Le *lycée* d'Angoulême a compté en 1878-1879, 624 élèves ; les *collèges communaux* de Barbezieux, Cognac, Confolens et la Rochefoucauld, 412 ; 10 *institutions secondaires libres*, 847 ; 847 *écoles primaires*, 44 569 ; 30 *salles d'asile*, 3208 enfants.

Le recrutement a donné en 1878 les résultats suivants :

```
Ne sachant ni lire ni écrire. . . . . . . . . .   233
Sachant lire seulement. . . . . . . . . . . .      5
Sachant lire, écrire et compter . . . . . . .  1,602
Bacheliers. . . . . . . . . . . . . . . . .       20
Dont on n'a pu vérifier l'instruction . . . .     13
```

Sur 39 accusés de crimes, en 1877, on a compté :

```
Accusés ne sachant ni lire ni écrire. . . . . . .    15
    — sachant lire ou écrire imparfaitement. . .    21
    — sachant bien lire et bien écrire. . . . . .    3
```

IX. — Divisions administratives.

Le département de la Charente forme le diocèse d'Angoulême (suffragant de Bordeaux) ; — la 4ᵉ subdivision de la 21ᵉ division militaire (Bordeaux) du 12ᵉ corps d'armée (Toulouse). — Il ressortit : à la cour d'appel de Bordeaux, — à l'académie de Poitiers, — à la 12ᵉ légion de gendarmerie (Limoges), — à la 11ᵉ inspection des ponts et chaussées, — à la 24ᵉ conservation des forêts (Niort), — à l'arrondissement minéralogique de Périgueux (division du Centre), — à la 4ᵉ région agricole (O.). — Il comprend : 5 arrondissements

CHARENTE.

(Angoulême, Barbezieux, Cognac, Confolens, Ruffec), 29 cantons, 426 communes.

Chef-lieu du département : ANGOULÊME.

Chefs-lieux d'arrondissement : Angoulême ; Barbezieux ; Cognac ; Confolens ; Ruffec.

Arrondissement d'Angoulême (9 cant.; 136 com.; 140,109 hab.; 195,384 hect.).
Premier canton d'Angoulême (9 com.; 23,643 hab.; 14,813 hect.). — Angoulême — Dirac — Couronne (La) — Nersac — Puymoyen — Roullet — Saint-Estèphe — Saint-Michel — Vœuil-et-Giget.
Deuxième canton d'Angoulême (14 com.; 35,651 hab.; 19,440 hect.). — Angoulême — Balzac — Bouex — Champniers — Fléac — Garat — Houmeau-Pontouvre (L') — Isle-d'Espagnac (L') — Magnac-sur-Touvre — Mornac — Ruelle — Saint-Yrieix — Soyaux — Touvre.
Canton de Blanzac (19 com.; 9,703 hab.; 24,053 hect.). — Aignes-et-Puypéroux — Aubeville — Bécheresse — Blanzac — Chadurie — Champagne — Claix — Cressac — Étriac — Jurignac — Mainfonds — Mouthiers — Péreuil — Pérignac — Plassac — Porcheresse — Saint-Genis — Saint-Léger — Voulgézac.
Canton d'Hiersac (13 com.; 9,262 hab.; 15,657 hect.). — Asnières — Champmillon — Douzat — Échallat — Hiersac — Linars — Moulidars — Sireuil — Saint-Amant-de-Nouère — Saint-Genis — Saint-Saturnin — Trois-Palis — Vindelle.
Canton de Montbron (14 com.; 12,241 hab.; 23,619 hect.). — Charras — Écuras — Eymoutiers — Feuillade — Grassac — Mainzac — Marthon — Montbron — Orgedeuil — Rouzède — Saint-Germain — Saint-Sornin — Souffrignac — Vouthon.
Canton de La Rochefoucauld (15 com.; 14,655 hab.; 25,618 hect.). — Agris — Brie — Bunzac — Chazelles — Coulgens — Jauldes — Marillac — Pranzac — Rancogne — Rivières — Rochefoucauld (La) — Rochette (La) — Saint-Projet-Saint-Constant — Vilhonneur — Yvrac-et-Malleyrand.
Canton de Rouillac (17 com.; 12,762 hab.; 23,088 hect.). — Anville — Auge — Bignac — Bonneville — Courbillac — Genac — Gourville — Marcillac-Lanville — Marcuil — Mons — Montigné — Plaizac — Rouillac — Saint-Cybardeaux — Saint-Médard — Sonneville — Vaux-Rouillac.
Canton de Saint-Amant-de-Boixe (17 com.; 10,917 hab.; 17,704 hect.). — Ambérac — Annis — Aussac — Chapelle (La) — Chebrac — Coulonges — Maine-de-Boixe (Le) — Marsac — Montignac-Charente — Nanclars — Saint-Amant-de-Boixe — Tourriers — Vars — Vervant — Vilejoubert — Vouharte — Xambes.
Canton de Villebois-la-Valette (19 com.; 11,275 hab.; 32,478 hect.). — Blanzaguet-Saint-Cybard — Charmant — Chavenat — Combiers —

DIVISIONS ADMINISTRATIVES.

Dignac — Édon — Fouquebrune — Gardes — Gurat — Juillaguet — Magnac-la-Valette — Ronsenac — Rougnac — Sers — Torsac — Vaux-la-Valette — Villars — Villebois-la-Valette — Vouzan.

Arrondissement de Barbezieux (6 cant.; 80 com.; 49,905 hab.; 98,789 hect.).

Canton d'Aubeterre (11 com.; 7,358 hab.; 12,866 hect.). — Aubeterre — Bellon — Bonnes — Essards (Les) — Laprade — Montignac-le-Coq — Nabinaud — Pillac — Rouffiac — Saint-Romain — Saint-Séverin.

Canton de Baignes-Sainte-Radegonde (8 com.; 6,842 hab.; 14,862 hect.). — Baignes-Sainte-Radegonde — Bors — Chantillac — Condéon — Lamérac — Reignac — Tâtre (Le) — Touvérac.

Canton de Barbezieux (18 com.; 13,116 hab.; 20,847 hect.). — Angeduc — Barbezieux — Barret — Berneuil — Brie — Challignac — Guimps — Lachaise — Ladiville — Lagarde-sur-le-Né — Montchaude — Saint-Aulais-la-Chapelle-Conzac — Saint-Bonnet — Saint-Hilaire — Saint-Médard — Saint-Palais-du-Né — Salles — Vignolles.

Canton de Brossac (12 com.; 5,609 hab.; 16,204 hect.). — Boisbreteau — Brossac — Chatignac — Chillac — Guizengeard — Oriolles — Passirac — Saint-Félix — Saint-Laurent-des-Combes — Sainte-Souline — Saint-Vallier — Sauvignac.

Canton de Chalais (16 com.; 8,441 hab.; 14,361 hect.). — Bardenac — Bazac — Brie-sous-Chalais — Chalais — Courlac — Curac — Médillac — Montboyer — Orival — Rioux-Martin — Saint-Avit — Saint-Christophe — Sainte-Marie — Saint-Quentin — Sérignac — Yviers.

Canton de Montmoreau (15 com.; 8,559 hab.; 19,737 hect.). — Bessac — Bors — Courgeac — Deviat — Juignac — Montmoreau — Nonac — Palluaud — Poullignac — Saint-Amant — Saint-Cybard — Saint-Eutrope — Saint-Laurent — Saint-Martial — Salles-la-Valette.

Arrondissement de Cognac (4 cant.; 62 com.; 61,705 hab.; 71,516 hect.).

Canton de Châteauneuf (17 com.; 10,225 hab.; 15,975 hect.). — Angeac-Charente — Birac — Bonneuil — Bouteville — Châteauneuf — Éraville — Graves — Mallaville — Mosnac — Nonaville — Saint-Amant-de-Graves — Saint-Preuil — Saint-Simeux — Saint-Simon — Touzac — Vibrac — Viville.

Canton de Cognac (16 com.; 24,899 hab.; 18,032 hect.). — Ars — Boutiers-Saint-Trojan — Bréville — Château-Bernard — Cherves — Cognac — Gimeux — Javrezac — Louzac — Merpins — Mesnac — Richemont — Saint-André — Saint-Brice — Saint-Laurent — Saint-Sulpice.

Canton de Jarnac (14 com.; 13,023 hab.; 16,140 hect.). — Bassac — Chassors — Fleurac — Foussignac — Houlette — Jarnac — Julienne — Mérignac — Métairies (Les) — Nercillac — Réparsac — Sainte-Sévère — Sigogne — Triac.

Canton de Segonzac (15 com.; 13,560 hab.; 21,371 hect.). — Ambleville — Angeac-Champagne — Bourg-Charente — Criteuil-la-Magdeleine — Gensac-la-Pallud — Genté — Gondeville — Juillac-le-Coq

Lignières — Mainxe — Saint-Fort — Saint-Même — Salles-d'Angles — Segonzac — Verrières.

Arrondissement de Confolens (6 cant.; 66 com.; 67,685 hab.; 141,561 hect.).

Canton de Chabanais (12 com.; 12,770 hab.; 24,244 hect.). — Chabanais — Chabrat — Chassenon — Chirac — Étagnac — Exideuil — Péruse (La) — Pressignac — Roumazières — Saint-Quentin — Saulgond — Suris.

Canton de Champagne-Mouton (8 com.; 6,643 hab.; 15,600 hect.). — Alloue — Benest — Bouchage (Le) — Champagne-Mouton — Chassiecq — Saint-Coutant — Turgon — Vieux-Cérier.

Canton nord de Confolens (8 com.; 8,090 hab.; 20,855 hect.). — Ambernac — Ansac — Confolens (nord) — Épenède — Hiesse — Manot — Petit-Lessac — Pleuville.

Canton sud de Confolens (11 com.; 13,765 hab.; 31,620 hect.). — Abzac — Brigueil — Brillac — Confolens (sud) — Esse — Lesterps — Montrollet — Oradour-Fanais — Saint-Christophe — Saint-Germain — Saint-Maurice.

Canton de Montembœuf (13 com.; 11,909 hab.; 22,504 hect.). — Cherves-Chatelars — Lésignac-Durand — Lindois (Le) — Massignac — Mazerolles — Montembœuf — Mouzon — Roussines — Saint-Adjutory — Sauvagnac — Taponnat-Fleurignac — Verneuil — Vitrac-Saint-Vincent.

Canton de Saint-Claud (15 com.; 14,510 hab.; 26,705 hect.). — Beaulieu — Chantrezac — Chasseneuil — Genouillac — Grand-Madieu (Le) — Loubert — Lussac — Mazières — Nieuil — Parzac — Pins (Les) — Saint-Claud — Saint-Laurent-de-Céris — Saint-Mary — Suaux.

Arrondissement de Ruffec (4 cant.; 82 com.; 51,418 hab.; 86,988 hect.).

Canton d'Aigre (16 com.; 11,245 hab.; 20,853 hect.). — Aigre — Barbezières — Bessé — Charmé - Ébréon — Fouqueure — Gours (Les) — Ligné — Lupsault — Luxé — Oradour — Ranville-Breuillaud — Saint-Fraigne — Tusson — Verdille — Villejésus.

Canton de Mansle (25 com.; 14,445 hab.; 25,012 hect.). — Aunac — Bayers — Cellefrouin — Cellettes — Chenommet — Chenon — Fontclaireau — Fontenille — Juillé — Lichères — Lonnes — Mansle — Mouton — Moutonneau — Puyréaux — Saint-Amant-de-Bonnieure — Saint-Angeau — Saint-Ciers — Sainte-Colombe — Saint-Front — Saint-Groux — Tache (La) — Valence — Ventouse — Villognon.

Canton de Ruffec (20 com.; 14,036 hab.; 21,545 hect.) — Adjots (Les) — Aizecq — Barro — Bioussac — Condac — Couture — Messeux — Moutardon — Nanteuil — Pougné — Poursac — Ruffec — Saint-Georges — Saint-Gervais — Saint-Gourson — Saint-Sulpice — Taizé-Aizie — Verteuil — Vieux-Ruffec — Villegats.

Canton de Villefagnan (21 com.; 11,682 hab.; 21,770 hect.). — Bernac — Brettes — Chèvrerie (La) — Courcôme — Embourie — Empuré

— Faye (La) — Forêt-de-Tessé (La) — Londigny — Longré — Madeleine (La) — Montjean — Paizay-Naudouin — Raix — Saint-Martin-du-Clocher — Salles — Souvigné — Theil-Rabier — Tuzie — Villefagnan — Villiers-le-Roux.

X. — Agriculture.

Sur les 594,238 hectares du départ., on compte en nombres ronds :

Terres labourables.	273,000 hectares.
Prés.	65,000 —
Vignes.	17,000 —
Bois.	88,000 —
Landes.	5,000 —

En nombres ronds, on compte dans le département : 27,000 chevaux, 6500 ânes, 6000 mulets, 83,000 bœufs, 299,000 moutons, 84,000 porcs, plus de 5000 chèvres et près de 20,000 chiens. Le pays de Confolens, Chabanais en première ligne, ayant une plus grande étendue de prairies, nourrit plus de bœufs, ainsi que de cochons ; les arrondissements de Cognac et d'Angoulême ont les plus belles bêtes à laine ; celui de Ruffec est le plus riche en chèvres ; celui de Barbezieux, en volailles et surtout en chapons ; les abeilles ont des ruches (16,979 en 1878) dans toutes les régions ; les chevaux sont également répandus partout.

Le département de la Charente est un pays de moyenne et de petite culture. Les terres labourables et les prés se le partagent de telle sorte que, dans une certaine étendue de terrain, on aperçoit toutes les productions entremêlées par parcelles plus ou moins grandes. La principale culture était naguère celle de la vigne. Mais un terrible fléau, le phylloxera, a détruit une grande partie des vignobles et continue ses ravages.

Les vignobles, qui en 1877 produisaient encore 2,145,133 hectolitres de vins pour une superficie de 108,890 hectares, n'ont donné en 1881 que 574,230 hectolitres sur 17,000 hectares. « La Charente, disions-nous en 1868, ne possède aucun cru qui fournisse même un grand ordinaire ; mais il rachète cette infériorité par la fabrication spéciale de l'eau-de-vie. A cet égard, nulle région en France ne peut lui être comparée. Les **eaux-de-vie** de premier cru, dites fine Champagne, sortent des heureuses communes de Genté, de Gimeux, de Salles et de tout le pays appelé la *Grande-Champagne*, petit pays de même constitution géologique que la Champagne du nord de la France, si célèbre et si riche par ses vins blancs. Cette région comprend, entre le cours du Né et une ligne allant de Nonaville à Gimeux, un certain nombre de communes des cantons de Segonzac et de Châteauneuf. La *Petite-Champagne*, dont les eaux-de-vie sont moins estimées, est comprise entre la Grande-Champagne et la Charente. Sur la rive droite du fleuve, le *pays de bois* possède les crus du troisième ordre. Les deux Champagnes forment une contrée si riche que des villages y font un commerce qui s'élève parfois à plusieurs millions. Hors des limites départementales, au delà du Né, le canton d'Archiac et les communes d'Echebrune et de Pérignac (Charente-Inférieure) font partie de la Grande-Champagne; dans la Charente même, les terres blanches des cantons de Blanzac et de la Valette devraient y être rattachées, mais elles ne le sont pas encore dans l'opinion des acheteurs de Cognac et de leurs clients des deux mondes. »

Les *céréales* réussissent bien dans les arrondissements de Ruffec, d'Angoulême, de Cognac, et, grâce au chaulage et au marnage, dans les mauvaises terres de Barbezieux et dans l'arrondissement de Confolens, qui est très riche en *prairies naturelles*; les *pommes de terre*, toutes les espèces de *légumineuses*, les *arbres fruitiers* viennent aussi partout; l'arrondissement de Ruffec et le nord de celui d'Angoulême sont couverts de *noyers*; l'arrondissement de Confolens, qui a déjà la spécialité du *blé noir*, du *colza* et un peu du *lin*, a aussi celle du *châtaignier*; le *chanvre* se plaît surtout dans les terres fortes du canton d'Aigre. En 1881, le département a récolté 1,120,390 hectolitres de froment, 99,479 de méteil, 176,391 de seigle, 64,239 d'orge, 32,813 de sarrasin, 260,982 de maïs et millet, 393,504 d'avoine, 1,625,936 de pommes de terre, 59,053 de légumes secs, 136,207 de châtaignes, 645,840 de betteraves, 4985 quintaux de chanvre, 1555 de lin, 8593 hectolitres de colza (126,500 kilogrammes d'huile) et 574,230 hectolitres de vin.

Les **forêts** s'étendent surtout sur l'arrondissement de Ruffec et sur les terrains jurassiques; les taillis et les bois de pins affectionnent les terrains tertiaires et, en particulier, l'arrondissement de Barbezieux. Nous citerons les forêts *de Ruffec*, *de Tusson*, *de Belair*, *de Chasseneuil*, *de Quatrevaux*, *de Saint-Amant-de-Boixe*, *de la Braconne* (4,318 hectares), *du Bois-Blanc* (712 hectares); cette dernière est voisine de celles *de Dirac*, *d'Horte*, *de la Roche-Beaucourt*, situées sur la ligne de soudure des terrains jurassiques et crétacés ou sur les lambeaux tertiaires qui cachent leurs points de contact. Dans la région granitique du département, on ne peut guère citer que la *forêt de Brigueil*, le *bois du Chambon*, près de Chirat, les *bois d'Oradour*, *d'Abzac* et *de Brillac*.

Cognac.

XI. — Industrie; mines.

Le *fer* s'extrait surtout à Taizé-Aizie, à Taponnat, à Fleurignac, à Saint-Adjutory et à Charras; on en trouve aussi aux Adjots, à Moutardon, à Neuil, à Cherves, à Genouillac, à Montrollet, à Benest, à Pleuville, à Roumazières, à Combiers, à Mainzac, à Souffrignac, à Sers, à Marthon, à Feuillade, à Charmant et à Juillaguet. Les *mines de plomb sulfuré argentifère* d'Alloue et d'Ambernac sont exploitées. Les *mines de plomb, soufre, antimoine, argent* de Saint-Germain et de Menet, près de Montbron, ont été abandonnées. On a constaté, à Étagnac, la présence d'antimoine mêlé d'argent.

Le sous-sol de la Charente, appartenant à plusieurs formations, fournit en abondance des matériaux rocheux de toute sorte. Le pays de Confolens offre à profusion de belles pierres granitiques avec lesquelles ont été construits, de nos jours, quelques ponts, et jadis un grand nombre de châteaux et d'églises. Malheureusement cette roche de choix, dont la solidité défie les ans, est peu exploitée; elle est si dure que l'extraction en est coûteuse. Les paysans bâtissent leurs pauvres demeures en moellons de gneiss et de micaschistes. Les gens aisés font venir leurs pierres d'Angoulême. Les principales *carrières de granit* sont celles du Pas-de-la-Mule, près de Confolens, célèbres dans la légende; dans la commune d'Ambérac, à la Cherchonnie, la pierre d'appareil s'extrait des bancs de grès du terrain d'arkose. Les cantons jurassiques fournissent des carrières de pierres de construction, généralement bonnes et parfois d'excellente qualité, aux Villairs, près de Rouillac, à Salles, à Mansle, à Échallat, à Champagne-Mouton, à Beaulieu, à Libourne près de la Rochefoucauld, à Rancogne, à Marthon, à Agris, à Saint-Amand, au Pont-de-la-Bécasse, dans la forêt de la Braconne; les plus estimées sont celles des Villairs. De l'étage crétacé sortent les admirables pierres de taille qui, sous le nom de **pierres d'Angoulême**, sont un des éléments de la prospérité locale: elles réunissent toutes les qualités désirables, un bel aspect, une grande facilité de taille, une rare solidité; aussi s'exportent-elles au loin, et même au cap de Bonne-Espérance et aux colonies françaises. Les carrières les plus estimées sont celles des environs d'Angoulême, de Saint-Même, près de Jarnac, et des Chaudrolles de Saint-Sulpice, sur l'Antenne, au nord de Cognac.

La *pierre à plâtre* s'exploite à Moulidars et, dans les Pays-Bas, à Montgaud et à Croix-de-Pic (commune de Cherves). La *pierre à chaux* abonde naturellement dans une région où les étages jurassiques et crétacés occupent un si grand espace : la *chaux hydraulique* s'extrait surtout à Pont-de-Lavaud, commune de Montbron, au Pont-du-Cluseau, commune de Nanteuil-en-Vallée, et à Échoisy; la *chaux grasse* s'extrait et se cuit activement dans les communes voisines des granits et des brandes de Confolens. L'exploitation des carrières occupe 1500 ouvriers, extrayant chaque année 60 000 mètres cubes de pierres de taille, 2500 mètres cubes de pierres dures,

La vallée de la Charente vue des promenades d'Angoulême.

155 000 de moellons, 115 000 de chaux et à peu près autant de plâtre.

Les argiles de diverses espèces se rencontrent sur le territoire de nombreuses localités : l'*argile téguline*, ou à tuiles, est la plus commune ; elle se trouve à peu près partout; l'*argile à poterie* ou *faïence* n'apparaît que dans le terrain tertiaire, particulièrement à Saint-Eutrope de Montmoreau et surtout à Benest; l'*argile réfractaire* s'exploite dans le lambeau tertiaire des landes de Soyaux, et l'*argile à cazettes* dans la commune d'Excideuil, à la Maison-Neuve.

Dans la Charente, où tant de terres réclament impérieusement des amendements, le remède se trouve heureusement à côté du mal. Les *marnes*, peu utilisées, s'exploitent à Nieuil, à Ambernac, à Pleuville; elles sont fort abondantes dans les cantons de Villefagnan, d'Aigre, de Mansle, c'est-à-dire près de l'arrondissement de Confolens, qui en a le plus besoin.

La *tourbe* est fort abondante dans les vallées de l'Houme, à Chantemerle, près de Saint-Fraigne; dans la vallée de l'Anguienne, à Dirac; dans celle des Eaux-Claires, à Angoulême et à la Couronne; dans celle de la Charrau, à Vœuil; dans celle de la Boëme, entre la Couronne et Mouthiers; dans celle de la Vélude, à Ambleville et dans la vallée de la Nizonne, à Saint-Séverin. — La *truffe* se trouve dans tous les arrondissements, celui de Confolens excepté.

La Charente est pauvre en *sources minérales* : celles d'Abzac, plus connues sous le nom d'eaux d'Availles, sont froides et salines. La Font-Brune, à Barbezieux, est ferrugineuse froide; toutes deux sont à peu près inconnues. La Font-Rouillée (Condéon) est ferrugineuse. On signale deux autres fontaines minérales, l'une à Passirac, près de l'étang du Châtelar, l'autre à Yviers.

Le principal établissement métallurgique du département est la **fonderie de canons de Ruelle**, fondée en 1750. La force motrice hydraulique y est de 70 chevaux-vapeur. Le matériel est organisé pour fournir par an jusqu'à un million et demi de kilogrammes d'artillerie pour la marine, soit 680 bouches à feu. On y voit des hauts fourneaux, des fours à réverbère, des ateliers, des étuves où se moulent et coulent les canons, 18 bancs de forerie, divisés par groupes de trois, pour le fer et pour le bronze, une fonderie de cuivre, etc.

Il existe des *aciéries* (aciers Martin) dans les com. de Cireuil et de Taizé-Aizie (680 tonnes en 1881); des *forges*, à Angoulême, Montisson (commune de Roussines), Verrières, Chirat, Sireuil et Combiers; des *fonderies de cuivre*, à Angoulême (tréfilerie et laminerie) et à la Couronne; des *fonderies de fonte*, à Angoulême, Cognac, l'Isle-d'Espagnac et Nieuil; des tréfileries, à Angoulême; des fabriques de toiles métalliques, à Angoulême, la Couronne et Saint-Paul-de-Lizonne; de chaudronnerie et de chaudières à vapeur, à Angoulême, Aigre et Cognac; de grosse quincaillerie, à Cognac; d'essieux et de grosse horlogerie, à Angoulême. Montbron a une fabrique de tamis; Pranzac, une fabrique de clouterie.

Une industrie bien plus importante est la fabrication du papier, concentrée, à l'est et au sud d'Angoulême, dans une trentaine de belles **papeteries** dont les principales sont celles de Maumont et de Veuze, sur la Touvre; celles de Saint-Cybard et de Basseau, sur la Charente; celles de Puymoyen, du Petit-Montbron, d'Escalier et de Chantoiseau, sur les Eaux-Claires; celles de Bourisson, de Poulet, de Cotier, de Breuty, du Grand-Girac, du Martinet, de Saint-Michel-d'Entraigues, sur la Charrau ; celles de la Forge, de la Rochechandry, de Tudebœuf, de la Courade, des Beauvais, de l'Abbaye, de Colas, de Barillon, de Nersac, sur la Boëme. Tout semble se réunir pour amener une extension croissante de cette industrie qui occupe tant de bras et répand tant de richesses dans le pays : belles eaux, forces motrices en abondance, voies de communication rapides, débouchés assurés, car les papiers d'Angoulême luttent sans effort

Papeteries de Maumont et de Veuze.

sur les marchés d'Europe et d'Amérique avec les meilleurs papiers de la France et de l'Angleterre.

Un certain nombre d'autres établissements plus ou moins importants, mais moins favorablement situés que ceux des environs d'Angoulême au point de vue de l'écoulement des produits, sont disséminés dans le reste du pays. Nous citerons ceux que font marcher la Nizonne et la Dronne : sur la première se trouvent, dans la commune de Saint-Séverin, les papeteries de *l'Épine* et de *Marchais*; la seconde met en mouvement la papeterie du *Moulin-Neuf*, près d'Aubeterre. En 1878, on comptait dans le département 36 papeteries, occupant 3426 ouvriers ayant produit 60,000 quintaux de papier d'une valeur de 7,440,000 francs.

Nersac (fabrique de serges, cadis et droguets) et l'Isle-d'Espagnac sont le centre principal de la fabrication des feutres et manchons circulaires pour papeteries, et de la filature de la laine (il y a dans le département 21 filatures ou tissages de laine, employant 498 ouvriers) et du coton ; Saint-Laurent-de-Ceris fabrique des flanelles rayées et de grosses étoffes ; près d'Angoulême, ville où existent des filatures de coton et de laine et des fabriques de toiles, des tricots de toute espèce sortent d'une manufacture mise en mouvement par l'Anguienne ; près de Confolens, un établissement livre des ganses et lacets estimés ; la Rochefoucauld fabrique des draps et beaucoup de fil et de galons.

On compte dans le département de la Charente 1200 à 1300 moulins, dont un assez grand nombre de moulins à vent dans les communes sans ruisseaux ; les minoteries et moulins les plus importants sont établis sur la Vienne, près de Confolens (à la Grange-Combourg) ; sur le Son, à Saint-Claud ; sur la Charente, à Condac ; sur la Touvre ; sur la Tardoire, à Montbron, et sur la Dronne.

La Rochefoucauld, Nanteuil, Confolens, Baignes, Angoulême, Marthon, possèdent les plus importantes des soixante et quelques tanneries, corroiries, mégisseries et chamoiseries du département.

Benest, Saint-Eutrope-de-Montmoreau et Chaumontey (commune de l'Isle-d'Espagnac) fabriquent des poteries ; Angoulême, Dignac, l'Isle-d'Espagnac et le Tastet (commune de Reignac), des faïences grossières.

Le département possède une centaine de fours à chaux et de tuileries, quelques brasseries et un nombre très-considérable de brûleries ou fabriques d'eau-de-vie, dans les cantons vinicoles et surtout dans la grande Champagne, la petite Champagne et les Bois.

XII. — Commerce, chemins de fer, routes.

L'*exportation*, fort active, consiste surtout en vins, dont le principal débouché est la Vienne, la Haute-Vienne et la Creuse, et en eaux-de-vie, expédiées par les négociants de Cognac, de Jarnac et d'Angoulême vers Paris, les diverses villes de France, l'Angleterre, la Hollande, la Russie, les États-Unis ; en farines, expédiées à la Rochelle, à Rochefort, à Bordeaux ; en chanvre, fourni par l'arrondissement de Ruffec, et principalement par le canton d'Aigre ; en papiers ; en pierres de taille ; en sel, expédié vers la Dordogne, la Vienne, la Haute-Vienne et la Creuse.

La Charente *importe* principalement des bois de construction, provenant des Landes, et surtout de la péninsule Scandinave ; des merrains, ou bois de châtaignier, pour barriques, demandés aux départements de la Dordogne, de la Haute-Vienne et de la Creuse ; du sel, fourni par les côtes de la Charente-Inférieure ; et environ

475,000 quintaux métriques de houille, provenant d'Angleterre, de Belgique, et des bassins français d'Aubin, de Commentry, de Vouvant et Chantonnay, de Carmaux et d'Ahun.

Le département est traversé par cinq chemins de fer ayant un développement total de 287 kilomètres.

1° Le chemin de fer *de Paris à Bordeaux* entre dans le département à 8 kilomètres avant la gare de Ruffec ; il en ressort à 10 kilomètres au delà de la gare de Chalais, après un parcours de 116 kil., pendant lesquels il dessert les gares et stations suivantes : Ruffec, Moussac, Luxé, Saint-Amant-de-Boixe, Vars, Angoulême, la Couronne, Mouthiers, Charmant, Montmoreau et Chalais.

2° Le chemin de fer *de Rochefort à Limoges* passe du département de la Charente-Inférieure dans celui de la Charente à 6 kil. en deçà de la gare de Cognac. Il dessert Cognac, Gensac-la-Pallud, Jarnac, Saint-Même, Saint-Amant-de-Grave, Châteauneuf, Sireuil, Nersac, Saint-Michel, Angoulême, Ruelle, Magnac-Touvre, le Quéroy-Pranzac, la Rochefoucauld, Taponnat, Chasseneuil, Fontafie, Roumazières, Exideuil et Chabanais ; puis il entre dans la Haute-Vienne. Parcours, 130 kil.

3° L'embranchement *de Châteauneuf à Barbezieux* (19 kilomètres) passe à Malaville, Chadeuil, Viville, Saint-Médard et Barbezieux.

4° Le chemin de fer *de Saillat-Chassenon à Bussière-Galant* n'a que 3 kilomètres dans le département de la Charente.

5° L'embranchement *du Quéroy-Pranzac à Nontron*, suivant la vallée du Bandiat, dessert Chazelles et Marthon, puis entre dans le département de la Dordogne. Parcours, 19 kilomètres.

Les voies de communication comptent 5990 kilomètres, savoir :

5 chemins de fer.	287 kil.
5 routes nationales.	350
14 routes départementales.	543 1/2
1388 chemins vicinaux { 31 de grande communication. 1025 ; 72 de moyenne communication. 1105 ; 1285 de petite communication. 2588 }	4718
1 rivière navigable.	92 1/2

XIII. — Dictionnaire des communes.

Les chiffres de la population sont ceux du dernier recensement (1881).

Abzac, 1,285 h., c. (Su.) de Confolens. ⟶ Ruines du château de Serres (fin du xv° s.). — Château de Fayolle (fin du xv° s.).

Adjots (Les), 690 h., c. de Ruffec.

Adjutory (Saint-), 726 h., c. de Montembœuf.

Agris, 1,209 h., c. de la Rochefoucauld. ⟶ Gouffres de la Fosse-Mobile, de la Fosse de Dufaix, de la Grande-Fosse et de la Fosse-Limousine, dans la forêt de la Braconne. — Vieux castel des Fouilloux.

Aignes-et-Puypéroux, 604 h., c. de Blanzac. ⟶ A Puypéroux, restes d'une grande église abbatiale romane (mon. hist.), remarquable surtout par son chœur formé de 7 absides.

Aigre, 1,658 h., ch.-l. de c. de l'arrond. de Ruffec.
Aizecq, 432 h., c. de Ruffec.
Alloue, 1,547 h., c. de Champagne-Mouton. ⟶ Église du XII° s.
Amant (Saint-), 946 h., c. de Montmoreau. ⟶ Souterrains-refuges.
Amant-de-Boixe (Saint-), 1,582 h., ch.-l. de c. de l'arrond. d'Angoulême ⟶ Église romane (mon. hist.), l'une

Ancien château des comtes d'Angoulême

des plus remarquables de l'Angoumois (1170); anciens tombeaux creusés dans la muraille; chœur du XIV° s.; grande chapelle du XIII° s.; crypte; restes du cloître de l'abbaye (XIII° s.). — Dolmens.
Amant-de-Bonnieure (Saint-), 753 h., c. de Mansle.
Amant-de-Graves (Saint-), 298 h., c. de Châteauneuf.
Amant-de-Nouère (Saint-), 586 h., c. d'Hiersac. ⟶ A Fontguyon, château de 1570.

Ambérac, 576 h., c. de Saint-Amant-de-Boixe. ⟶ Église du XI° s. — Ru romaines de la Tour-des-Fades.
Ambernac, 989 h., c. (Nord) de C folens.
Ambleville, 576 h., c. de Sego ⟶ Château du XIV° s. — Égli XI° et XIV° s.
Anais, 635 h., c. de Saint-Amant.
André (Saint-), 262 h., c. de Cognac. ⟶ Église en partie du XII° s.
Angeac-Champagne, 666 h., c. de

Hôtel de ville d'Angoulême.

Segonzac. ⟶ Église des xi° et xvi° s.
Angeac-Charente, 557 h., c. de Châteauneuf.
Angeau (Saint-), 803 h., c. de Mansle.
Angeduc, 190 h., c. de Barbezieux.
Angoulême, ch.-l. du départ., d'arr. et de 2 cant., ancienne capitale de l'Angoumois, siège d'un évêché fondé au iii° s., V. de 32,567 h., admirablement située sur un promontoire élevé de 72 mèt. (96 mèt. d'altit.) dominant le confluent de la Charente et de l'Anguienne, dont les eaux limpides font mouvoir de nombreuses usines. ⟶ La ville est entourée de *boulevards* d'où l'on jouit d'une vue magnifique et variée sur les deux vallées et sur une partie des plaines du département. — *Cathédrale Saint-Pierre* (mon. hist.), commencée au xi° s. dans le style romano-byzantin de Saint-Front de Périgueux, c'est-à-dire avec des voûtes en coupole, et consacrée en 1128. Remaniée au xv° s., mutilée par les protestants en 1569, elle a été restaurée de 1630 à 1634 et plus complètement encore de nos jours. La façade, dont les deux tours viennent d'être rétablies, est une immense page de sculpture dont les statues et les bas-reliefs, distribués dans les arcades et les frises, figurent dans leur ensemble la grande scène du Jugement dernier. Les façades des grandes cathédrales gothiques et celle de l'église Notre-Dame de Poitiers peuvent seules rivaliser de richesse avec celle de Saint-Pierre d'Angoulême. La grande tour de la cathédrale, qui s'élève sur le croisillon de gauche, dépasse 50 mèt. de hauteur; la tour correspondante, à droite, que surmontait une flèche gothique, a été renversée par les huguenots. A l'intérieur de la cathédrale, on remarque : les trois coupoles de la nef, dont la première, beaucoup plus simple que les deux autres, remonte au xi° s.; les douze fenêtres de la charmante lanterne centrale, reconstruite en 1874-1875; trois inscriptions tumulaires du xii° s., restaurées ou refaites; les stalles, datant de 1579. Les débris d'une crypte du xii° s. avec confession plus ancienne, ont été trouvés en 1868 sous le chœur, et recouverts depuis. — Au N.-E. de la cathédrale s'élève l'*évêché*, bâti au xii° s, restauré à diverses époques. Il est en partie roman; mais on n'y visite plus la crypte de *la Pesne*, qui a été comblée. — Belles *églises* modernes de *Saint-Martial* (style roman) et de *Saint-Ausone* (style ogival). — Belle *chapelle* moderne *des Carmélites* (style du xiii° s.). — Dans la *chapelle de l'hospice*, ancienne église des Cordeliers, qui date des xii° et xiv° s. (jolie flèche dentelée), tombeau de l'écrivain Guez de Balzac. — *Grotte de Saint-Cybard*, convertie en chapelle. — Jolie *église* moderne (romane) du faubourg *de Saint-Cybard*. — L'*hôtel de ville* est une somptueuse construction de style ogival, élevée sur l'emp!acement de l'ancien château des comtes d'Angoulême, dont les deux plus belles tours ont été réunies aux constructions nouvelles; escalier monumental; musée de peinture et musée archéologique (buste d'Eusèbe Castaigne, fondateur de la Société Archéologique et Historique de la Charente). Dans le jardin de l'hôtel de ville, *statue* en marbre *de Marguerite d'Angoulême*. — Les tours décapitées du *Châtelet* servent de prison. — Vaste *lycée*; jolie chapelle romane bâtie en 1874. — *Palais de Justice* (1826), renfermant la *bibliothèque* publique (16,000 vol); sur la place, belle fontaine. — *École d'artillerie*. — Sous la ville, 2 *tunnels* des chemins de fer.
Ansac, 1,093 h., c. (Nord) de Confolens. ⟶ Dolmen de Montvallier.
Anville, 403 h., c. de Rouillac. ⟶ Église; façade du xi° s.
Ars, 555 h., c. de Cognac. ⟶ Restes d'une abbaye. — Église des xii° et xvi° s. — Château de la Renaissance.
Asnières, 921 h., c. d'Hiersac. ⟶ Église romane.
Aubeterre, 765 h., ch.-l. de c. de l'arrond. de Barbezieux, en amphithéâtre sur une colline dont la Dronne baigne le pied, dans un des plus beaux sites de l'Ouest. ⟶ Sur le sommet d'un roc à pic de craie blanche, ruines d'un château du xvi° s. (vue admirable). —

Dans les flancs de ce même roc est creusée l'église Saint-Jean (IX° et XII° s.), l'une des églises souterraines les plus remarquables de France. — Curieux portail de l'église Saint-Jacques, du XI° s. — Ruines du couvent des Minimes : chapelle (mon. hist.) et vastes souterrains qui s'étendent sous le couvent et sous une grande partie de la ville. — Restes du château de Méré. — A Jean-Martin, motte féodale de Motte-Bourbon. — Redoute de Porcherat, du temps de la guerre de Cent-ans.

Aubeville, 301 h., c. de Blanzac. ⟶ Camp présumé romain.

Auge, 559 h., c. de Rouillac. ⟶ Église du XIII° s. ; crypte.

Aulais-la-Chapelle-Conzac (Saint-), 518 h., c. de Barbezieux. ⟶ A la Chapelle, église du XII° s. — A Conzac, abside du XI° s.; reste d'une église romane.

Aunac, 505 h., c. de Mansle. ⟶ Beau château, bien conservé (XV° s.).

Aussac, 528 h., c. de Saint-Amant-de-Boixe. ⟶ A Puymerle, crypte d'un couvent. — A Raveau, débris informes d'un château et d'une abbaye.

Avit (Saint-), 285 h., c. de Chalais.

Baignes-Sainte-Radegonde, 2,215 h., ch.-l. de c. de l'arrond. de Barbezieux. ⟶ Ruines du château de Montauzier (XV° s.). — Ruines d'une ancienne église abbatiale.

Balzac, 768 h., 2° cant. d'Angoulême. ⟶ Église du XII° s. — Château bien conservé, qu'habita Balzac au XVII° s.

Barbezières, 561 h., c. d'Aigre. ⟶ Château bien conservé du XV° s. — Église ; nef du XIII° s.

Barbezieux, 4,102 h., ch.-l. d'arrond. ⟶ Église Saint-Mathias ; nef et portail sculpté du XII° s. — Église des Cordeliers (façade du XV° s.). — Château de 1453. — Très-belles halles. — Hippodrome.

Bardenac, 409 h., c. de Chalais. ⟶ Église romane. — Motte féodale à Coyron.

Barret, 1,066 h., c. de Barbezieux. ⟶ Église du XII° s. (mon. hist.).

Barro, 411 h., c. de Ruffec. ⟶ Beaux rochers.

Bassac, 690 h., c. de Jarnac. ⟶ Église du X° au XVII° s. (mon. hist.); belles boiseries du XVII° s. ; restes du cloître gothique de l'abbaye, fondée en 1009. — Monument commémoratif de la bataille de Jarnac (V. ci-dessus, Histoire).

Bayers, 361 h., c. de Mansle. ⟶ Ruines d'un château du XV° s.

Bazac, 440 h., c. de Chalais. ⟶ Église du XII° s. — Motte de Puygoyon.

Beaulieu, 774 h., c. de Saint-Claud. ⟶ Château de Sansac (1559).

Bécheresse, 459 h., c. de Blanzac.

Bellon, 420 h., c. d'Aubeterre. ⟶ Orme gigantesque dans le cimetière.

Benest, 1,322 h., c. de Champagne-Mouton. ⟶ Camp antique. — Restes d'un pont romain sur la Charente. — Restes de redoutes de l'époque carlovingienne (?). — Église d'un prieuré du XV° s. — Dans le cimetière, vieilles tombes sculptées.

Bernac, 474 h., c. de Villefagnan. ⟶ Château du Breuil.

Berneuil, 788 h., c. de Barbezieux. ⟶ Très-belle église du XII° s.

Bessac, 362 h., c. de Montmoreau.

Bessé, 377 h., c. d'Aigre. ⟶ Dolmen.

Bignac, 408 h., c. de Rouillac.

Bioussac, 590 h., c. de Ruffec.

Birac, 306 h., c. de Châteauneuf.

Blanzac, 773 h., ch.-l. de c. de l'arrond. d'Angoulême. ⟶ Tumulus de Porcheresse. — Donjon du XII° s. — Église des XII°, XIII° et XV° s.

Blanzaguet-Saint-Cybard, 482 h., c. de Villebois.

Boisbreteau, 548 h., c. de Brossac. ⟶ A Pierrefonds, anciens cercueils en pierre.

Bonnes, 810 h., c. d'Aubeterre. ⟶ Église du XIII° s. — Château du commencement du XVI° s.

Bonnet (Saint-), 693 h., c. de Barbezieux.

Bonneuil, 521 h., c. de Châteauneuf. ⟶ Église romane ; charmante façade. — Château du Breuil (1500). — Château de la Renaissance, à Luchet.

Bonneville, 437 h., c. de Rouillac.

Bors, 553 h., c. de Montmoreau. ⟶ Église du xii⁰ s.

Bors-de-Baignes, 230 h., c. de Baignes. ⟶ Beau château moderne, à la Graule.

Bouchage (Le), 497 h., c. de Champagne-Mouton.

Bouex, 781 hab., 2ᵉ c. d'Angoulême. ⟶ 8 tombelles ruinées. — Tour, reste du vieux château de Méré.

Bourg-Charente, 872 h., c. de Segonzac. ⟶ Église du xii⁰ s., bien conservée (mon. hist.). — Restes d'un château du xii⁰ s. — Château du xvi⁰ s. — Source de Veillards.

Bouteville, 695 h., c. de Châteauneuf. ⟶ Ruines d'un château du xvii⁰ s. — Restes d'un prieuré des xi⁰ et xiii⁰ s.

Boutiers-Saint-Trojean, 693 h., c. de Cognac. ⟶ Église de Templiers. — Petite église abandonnée (xi⁰, xiii⁰ et xiv⁰ s.). — A Saint-Trojean, église romane et restes d'un château où vint souvent Louise de Savoie, mère de François Iᵉʳ.

Brettes, 470 h., c. de Villefagnan.

Bréville, 698 h., c. de Cognac.

Brice (Saint-), 676 h., c. de Cognac. ⟶ Dolmen de la Pierre-de-la-Vache. — Église du xii⁰ s. — Beau château du xiv⁰ s., remanié. — Église abbatiale très-remarquable (xii⁰ s.) de Châtres (mon. hist.); la façade est un vrai bijou d'architecture. — Château de Garde-Épée (xvii⁰ s.).

Brie, 246 h., c. de Barbezieux.

Brie-de-la-Rochefoucauld, 1,718 h., c. de la Rochefoucauld. ⟶ Églises des xii⁰, xiii⁰, xiv⁰ s. — Ruines des châteaux de Brie, de la Prévôterie et de la Jauvigerie. — Gouffre de la Grande-Fosse, dans la forêt (100 mèt. de profondeur, 500 de tour).

Brie-sous-Chalais, 423 h., c. de Chalais.

Brigueil, 1,993 h., c. (Sud) de Confolens. ⟶ Camp romain d'Anglard. — Église du xiii⁰ s., remaniée. — Deux portes de l'ancienne enceinte. — Dans la forêt, ruines de l'antique chapelle de la Boulonie.

Brillac, 1,588 h., c. (Sud) de Confolens. ⟶ Tour, reste d'un château du xi⁰ s.

Brossac, 1,167 h., ch.-l. de c. de l'arrond. de Barbezieux. ⟶ Ruines d'une villa et d'un aqueduc romains.

Bunzac, 463 h., c. de la Rochefoucauld. ⟶ Gouffre de Chez-Roby, où s'engloutit une partie du Bandiat. — Dolmen de Pierre-Levée. — Au Puy, ruines d'une abbaye romane. — Près des Deffonds (château du xvii⁰ s.), vastes silos celtiques.

Cellefrouin, 1,777 h., c. de Mansle. ⟶ Camp romain du Champ-du-Combat. — Église abbatiale romane ; portail ogival. — Lanterne des morts (xii⁰ s), haute de 12ᵐ,50. — Belle source.

Cellettes, 624 h., c. de Mansle. ⟶ Ancienne église prieurale. — Tumulus dans la forêt de Boixe.

Chabanais, 1,740 h., ch.-l. de c. de l'arr. de Confolens, sur la Vienne, dans un pays ravissant. ⟶ Restes d'un château du ix⁰ et d'un autre du xi⁰ s. — A Grenord-d'Eau, sur la Grenne, ruines d'une église du xii⁰ s. — A Étricort, ruines d'une église prieurale du xii⁰ ou du xiii⁰ s. — Joli château moderne de Savignat.

Chabrat, 672 h., c. de Chabanais.

Chadurie, 662 h., c. de Blanzac. ⟶ Camp romain aux Six-Paux. — Église du xi⁰ s., fortifiée au xiv⁰. — Chapelle en ruines de Sainte-Acquitière.

Chaise (La), 553 h., c. de Barbezieux. ⟶ Église du xii⁰ s.

Chalais, 907 h., ch.-l. de c. de l'arr. de Barbezieux. ⟶ Château du xvii⁰ s. ; tour du xiv⁰ s.; puits curieux. — Église; charmant portail du xii⁰ s.

Challignac, 602 h., c. de Barbezieux. ⟶ Camp. — Église du xii⁰ s.

Champagne, 291 h., c. de Blanzac. ⟶ Antiques silos. — Église romane. — Vieux manoir de Maine-Giraud, qu'habita souvent Alfred de Vigny. — Vieux château de Lusseau. — Château moderne du Maine-Cérier.

Champagne-Mouton, 1,286 h., ch.-l. de c. de l'arr. de Confolens. ⟶ Camp romain à Ambournet. — Motte féodale du Fort. — Église des xii⁰, xiii⁰ et xiv⁰ s. — Château du xvi⁰ s.

Champmillon, 473 h., c. d'Hiersac. ⟶ Silo gaulois. — Église du xii⁰ s.

Champniers, 3,253 h., 2ᵉ c. d'Angoulême. ⮞ Dolmen. — Ruines des châteaux de Puy-de-Nelle et de Breuil. — Château de Vouillac, sur l'Argence. — Château moderne de Montagnes. — Église du xii° s. ; façade harmonieuse, reconstruite en 1861.

Chantillac, 640 h., c. de Baignes. ⮞ Source, but de pèlerinage très-fréquent, dans une vieille église.

Chantrezac, 726 h., c. de Saint-Claud. ⮞ Ruines d'un château.

Chapelle (La), 339 h., c. de Saint-Amant-de-Boixe.

Charmant, 539 h., c. de Villebois. ⮞ Église du xii° s. (mon. hist.). — Ruines d'une maison de Templiers. — Tunnel de Livernant (1,474 mèt.), sur le chemin de fer de Paris à Bordeaux.

Charmé, 912 h., c. d'Aigre. ⮞ Villa romaine à Bellicourt.

Charras, 640 h., c. de Montbron ⮞ Silos celtiques. — Église romane fortifiée. — Château du xvii° s. — Restes d'une église et d'une abbaye (xiii° s.), à Grobost.

Chasseneuil, 2,492 h., c. de Saint-Claud. ⮞ Camps romains de Chez-Fouquet et du Camp-des-Peines. — Motte féodale (restes d'une tour). — Église des xi° et xv° s. — Château du xvii° s.

Chassenon, 1,099 h., c. de Chabanais. ⮞ Ruines romaines de *Cassinomagus* (mon. hist.) : restes d'un palais nommé *caves de Longéa*; fondements d'un temple appelé *Montélu*; restes d'un amphithéâtre, d'un grand édifice de destination inconnue, vestiges d'aqueducs, caverne en ciment, tombelles, etc. — Église des xi° et xiv° s.

Chassiecq, 637 h., c. de Champagne-Mouton. ⮞ Camp romain.

Chassors, 932 h., c. de Jarnac.

Château-Bernard, 914 h., c. de Cognac.

Châteauneuf, 3,204 h., ch.-l. de c., arr. de Cognac. ⮞ Restes d'un château et d'une chapelle romane. — Église des xii° et xv° s. — Chapelle du xv° s.

Chatignac, 422 h., c. de Brossac. ⮞ Église romane.

Chavenat, 311 h., c. de Villebois. ⮞ Église du xi° s.

Chazelles, 1,159 h., c. de la Rochefoucauld. ⮞ Église du xii° s.

Chebrac, 113 h., c. de Saint-Amant-de-Boixe. ⮞ Grotte des Fées.

Chenommet, 328 h., c. de Mansle.

Chenon, 389 h., c. de Mansle.

Cherves, 1,809 h., c. de Cognac. ⮞ Église à coupoles des xi° et xii° s. — Château-Chenel (1610).

Cherves-Chatelars, 1,462 h., c. de Montembœuf. ⮞ A Chatelars, ruines d'une église prieurale romane.

Chèvrerie (La), 280 h., c. de Villefagnan.

Chillac, 502 h., c. de Brossac. ⮞ Tumulus. — Église du xii° s. ombragée par un orme quatre fois séculaire.

Chirac, 1,211 h., c. de Chabanais. ⮞ Château de l'Age.

Christophe (Saint-), 718 h., c. de Chalais.

Christophe-de-Confolens (Saint-), 1,003 h., c. (Sud) de Confolens. ⮞ Camp de la Faye.

Ciers (Saint-), 538 h., c. de Mansle.

Claix, 427 h., c. de Blanzac. ⮞ Église du xii° s. — Sur un roc abrupt, château de la fin du xviii° s.

Claud (Saint-), 1,915 h., ch.-l. de c. de l'arr. de Confolens. ⮞ Église (1444); crypte, avec tombeau de saint Claud (xiv° ou xv° s.). — Près d'une antique chapelle en ruines, fontaine visitée par les malades.

Cognac, 14,087 h., ch.-l. d'arr. ⮞ A l'entrée du vieux pont, porte flanquée de tours, restes de *fortifications*. — Charmante église romane, remaniée à l'époque ogivale et récemment restaurée avec goût; belle chaire. — *Château* des xv° et xvi° s. — *Chapelle* de Louise de Savoie (xv° s.). — Petit monument du xvi° s., à l'entrée du *Petit-Parc* (magnifiques allées). — *Statue* équestre en bronze de François Ier, chef-d'œuvre d'Étex (au piédestal, bas-reliefs remarquables). — *Collège* monumental. — *Palais de justice* et sous-préfecture modernes.

Colombe (Sainte-), 455 h., c. de Mansle.

Combiers, 504 h., c. de Villebois.

Condac, 422 h., c. de Ruffec. ⮞ Ruines d'une chapelle du xi° s.

Condéon, 1,083 h., c. de Baignes. ⮞ Belle église du xii° s.

Confolens, 3,093 h., ch.-l. d'arr. au confluent de la Vienne et du Goire, à 130-221 mèt. d'alt. ⟶ *Menhir du Repaire.* — *Église romane de Saint-Christophe.* — *Église Saint-Maxime* (XIIIe s.).— *Chapelle de Saint-Barthélemy* (mon. hist.), du XIe s. — *Église*, abandonnée, d'une commanderie *du Saint-Esprit*. — Ruines d'un *château*. — *Pont* ancien; beau *pont* moderne.

Coulgens, 659 h., c. de la Rochefoucauld. ⟶ *Église du* XIIe *s.* — Source abondante d'Eigogne.

Coulonges, 262 h., c. de Saint-Amant-de-Boixe.

Courbillac, 814 h., c. de Rouillac.

Courcôme, 905 h., c. de Villefagnan. ⟶ Belle église des Xe, XIIe et XVe s. (mon. hist.).

Courgeac, 538 h., c. de Montmoreau. ⟶ Restes informes d'une abbaye.

Courlac, 265 h., c. de Chalais.

Couronne (La), 3,301 h., 1er c. d'Angoulême. ⟶ Restes d'un édifice gallo-romain carré appelé Prison des Romains ou Tour de la Berche. — Château de l'Oisellerie, bâti sous François Ier. — Jolie église romane; clocher avec flèche en pierre à écailles. — Belles ruines de l'église d'une ancienne abbaye d'Augustins (mon. hist.), bâtie de 1171 à 1201, remaniée au XVe s.

Coutant (Saint-), 582 h., c. de Champagne-Mouton.

Couture, 560 h., c. de Ruffec.

Cressac, 204 h., c. de Blanzac. ⟶ Chapelle de Templiers; fresques curieuses.

Criteuil-la-Madeleine, 802 h., c. de Segonzac. ⟶ Église romane.

Curac, 282 h., c. de Chalais. ⟶ Église romane.

Cybard (Saint-), 363 h., c. de Montmoreau.

Cybardeaux (Saint-), 1,275 h., c. de Rouillac. ⟶ *Église du* XIIe *s.*, souvent remaniée. — Aux Boschauds, restes d'un théâtre romain, découverts en 1872.

Deviat, 572 h., c. de Montmoreau. ⟶ Château de la Faye, sur les bords d'un étang.

Dignac, 1,244 h., c. de Villebois. ⟶ Église romane. — A Poyaux, tour carrée, reste d'un château du XVIe s. — Tour d'un château du XVe s.

Dirac, 744 h., 1er c. d'Angoulême. ⟶ Dolmen de Pierre-Levée. — Église intéressante du XIIe s. — Restes d'un château féodal. — Château d'Heurtebise. — Au champ de Terre-Sarrasine, tombeaux de pierre qu'on dit carlovingiens.

Douzat, 478 h., c. d'Hiersac. ⟶ A Villars-Marange, château du XVIe s.

Ébréon, 450 h., c. d'Aigre.

Échallat, 768 h., c. d'Hiersac. ⟶ Église du XIIe s.

Écuras, 1,695 h., c. de Montbron. ⟶ Église du XIe s. et de 1689.

Edon, 623 h., c. de Villebois. ⟶ Dolmen renversé. — Église du XIIe s. — Beau château moderne de la Roche-Beaucourt (style Renaissance).

Embourie, 261 h., c. de Villefagnan. ⟶ Église du XIIe s.

Empuré, 283 h., c. de Villefagnan. ⟶ Église du XIIe s.

Épenède, 512 h., c. (N.) de Confolens. ⟶ Ruines d'une église du XIIe s.

Éraville, 254 h., c. de Châteauneuf.

Essards (Les), 565 h., c. d'Aubeterre. ⟶ Tumulus de la Faye. — Château de la Faye. — Église du XIIIe s.

Esse, 895 h., c. (Sud) de Confolens. ⟶ Église du XIIIe s.; sculptures en bois du XVe s. — Dolmen de Périssac. — Menhir du Repaire.

Estèphe (Saint-), 601 h., 1er c. d'Angoulême. ⟶ Dolmen de la Boucharderie. — Église remarquable (XIIe s.). — Vieux château de Fontfroide.

Étagnac, 1.530 h., c. de Chabanais. ⟶ Beau château de Rochebrune.

Étriac, 273 h., c de Blanzac.

Eutrope (Saint-), 196 h., c. de Montmoreau. ⟶ Église romane.

Exideuil, 1,266 h., c. de Chabanais. ⟶ Belle chapelle de N.-D. de Pitié, but de pèlerinage. — Château de la Chétardie, qui fut habité quelque temps par Mme de Sévigné.

Eymoutiers, 593 h., c. de Montbron. ⟶ Débris gallo-romains appelés *Ville de Conan*. — A Chez-Maneau, chapelle (d'abord léproserie) en partie rebâtie au XVIe s.

Faye (La), 815 h., c. de Villefagnan.
➤ Tunnel des Plans (500 mèt.), sur le chemin de fer de Paris à Bordeaux.
Félix (Saint-), 365 h., c. de Rossac.
Feuillade, 742 h., c. de Montbron.
➤ Église en partie du xii° s. — Château de Belleville du xv° s. — Château de la Motte, remanié au xvi° s.
Fléac, 849 h., 2° c. d'Angoulême.

➤ Église à trois coupoles du xii° s. — Château de Chalonne.
Fleurac, 318 h., c. de Jarnac.
Fontclaireau, 533 h., c. de Mansle.
Fontenille, 567 h., c. de Mansle.
➤ Sur la Charente, belles ruines du château féodal de Renau. — Tombelles; trois dolmens; pierre de la Pérotte et pierre de la Vieille, autres monuments druidiques.

Ruines de l'abbaye de la Couronne.

Forêt-de-Tessé (La), 663 h., c. de Villefagnan.
Fort (Saint-), 501 h., c. de Segonzac. — Dolmen, le plus beau de l'Angoumois; la table a 10 mèt. 45, sur 6 mèt. 40. — Église à portail roman.
Fouquebrune, 754 h., c. de Villebois.
Fouqueure, 879 h., c. d'Aigre.
Foussignac, 581 h., c. de Jarnac.
Fraigne(St-), 907 h., c. d'Aigre. ➤ Église du xi° s. — Château du xv° s.
Front (Saint-), 762 h., c. de Mansle.

Garat, 917 h., 2° c. d'Angoulême.
➤ Silo celtique à Clément. — Église (xii° et xv° s.). — Donjon carré de la Tranchade (1396 et xvi° s.).
Garde-sur-le-Né (La), 292 h., c. de Barbezieux. ➤ Dans le cimetière, près d'une église à façade romane, pierre tumulaire de 1291.
Gardes, 470 h., c. de Villebois.
➤ Église du xii° s. — Belle source.
Genac, 1,281 h., c. de Rouillac.
Genis (Saint-), 156 h., c. de Blanzac.
➤ Souterrains ou silos de Chez-

Journa ud. — Église du xiie s. — Château du Maine-Grier.

Genis (Saint-), 1,208 h., c. d'Hiersac. ⟶ Église du xie s. — Caves et vastes souterrains d'un vieux château. — Château du xviiie s. — Château de la Mothe.

Genouillac, 827 h., c. de Saint-Claud.

Gensac-la-Pallud, 923 h., c. de Segonzac. ⟶ A Gensac, source, l'une des plus remarquables de la Charente. — Borne milliaire de la Grande-l'ouëne. — Église à coupoles du xiie s. — A la Pallud, gouffre d'où sort un abondant ruisseau. — Château de l'Éclopart (Renaissance).

Genté, 750 h., c. de Segonzac. ⟶ Église des xie et xiiie s.

Georges (Saint-), 144 h., c de Ruffec. ⟶ Menhir.

Germain (Saint-), 365 h., c. (Sud) de Confolens. ⟶ Dans une île de la Vienne, magnifique dolmen de la *Pierre de sainte Madeleine*, dont les supports furent enlevés au xie s. pour être remplacés par des colonnes, et qui forme depuis lors une chapelle. — Dolmen de Périssac. — Église; crypte. — Belles ruines d'un château du xve s. — Ancien pont du moyen âge.

Germain (Saint-), 608 h., c. de Montbron. ⟶ Église des xiie et xiiie s.

Gervais (Saint-), 629 h., c. de Ruffec. ⟶ Église (xiie et xive s.).

Gimeux, 302 h., c. de Cognac. ⟶ Église du moyen âge.

Gondeville, 548 h., c. de Segonzac.

Gours (Les), 250 h., c. d'Aigre. ⟶ Font-Brisson et gouffre des Loges.

Gourson, 512 h., c. de Ruffec.

Gourville, 994 h., c. de Rouillac. ⟶ Église du xiie s. — Restes d'un château du xive s.

Grand-Madieu (Le), 390 h., c. de Saint-Claud. ⟶ Ancienne église de Templiers, remaniée. — Château de Templiers, en partie ruiné, construit sur de vastes caves voûtées en ogives.

Grassac, 597 h., c. de Montbron. ⟶ Châteaux d'Horte et de la Bréchinie.

Graves, 222 h., c. de Châteauneuf. ⟶ Église romane. — Château de Bois-Charente (xvie s.).

Groux (Saint-), 222 h., c. de Mansle.

Guimps, 926 h., c. de Barbezieux. ⟶ Église du xiie s. — A Chillou, restes d'une villa romaine.

Guizengeard, 362 h., c. de Brossac.

Gurat, 553 h., c. de Villebois. ⟶ Église du xie s. — Église Saint-Georges, remontant aux premiers temps du Christianisme (?).

Hiersac, 680 h., ch.-l. de c. de l'arrond. d'Angoulême. ⟶ Église romane souvent remaniée.

Hiesse, 551 h., c. (Nord) de Confolens.

Hilaire (Saint-), 421 h., c. de Barbezieux. ⟶ Église du xiie s.

Houlette, 418 h., c. de Jarnac.

Houmeau-Pontouvre (L'), 2,337 h., 2e c. d'Angoulême : l'Houmeau est sur la Charente, au pied de la colline d'Angoulême, dont il est, en réalité, le principal faubourg. Pontouvre est sur la Touvre. ⟶ Très-vieux pont, sur la Touvre, au Gond. — Beau pont du chemin de fer, sur la Touvre.

Isle-d'Espagnac (L'), 795 h., 2e c. d'Angoulême. ⟶ Église romane. — Restes d'un château du xiiie s.

Jarnac, 4,356 h., ch.-l. de c. de l'arrond. de Cognac, sur la Charente. ⟶ Sous l'église, crypte du xiie s. — Restes des murailles avec tours aux angles. — Aux Grandes-Maisons, vestiges gallo-romains et table de dolmen.

Jauldes, 1,063 h., c. de la Rochefoucauld. ⟶ Restes imposants du château de Fayolle (Renaissance), qu'on voit de dix lieues à la ronde.

Javrezac, 589 h., c. de Cognac. ⟶ Église du xie s.

Juignac, 960 h., c. de Montmoreau. ⟶ Château de Maumont (xve s.).

Juillac-le-Coq, 727 h., c. de Segonzac. ⟶ Église romane. — Porte à mâchicoulis d'un vieux couvent.

Juillaguet, 231 h., c. de Villebois.

Juillé, 596 h., c. de Mansle.

Julienne, 582 h., c. de Jarnac.

Jurignac, 745 h., c. de Blanzac.

Ladiville, 304 h., c. de Barbezieux.
Lamérac, 386 h., c. de Baignes.
Laprade, 487 h., c. d'Aubeterre.
Laurent (Saint-), 720 h., c. de Cognac. ⟶ Église des xi⁰ et xv⁰ s.
Laurent (Saint-), 429 h., c. de Montmoreau.
Laurent-de-Céris (Saint-), 1,417 h., c. de Saint-Claud. ⟶ Restes d'un château féodal.
Laurent-des-Combes (Saint-), 317 h., c. de Brossac.
Léger (Saint-), 194 h., c. de Blanzac.
Lesterps, 1,455 h., c. (Sud) de Confolens. ⟶ Belle église du xii⁰ s. (mon. hist.), dont le chœur est ruiné ; elle dépendait jadis d'une abbaye. — Motte féodale du Dognon.
Lézignac-Durand, 1,006 h., c. de Montembœuf.
Lichères, 188 h., c. de Mansle. ⟶ Église du xi⁰ s.
Ligné, 435 h., c. d'Aigre. ⟶ Église du xiv⁰ s.
Lignières, 851 h., c. de Segonzac. ⟶ Église souvent remaniée ; façade gothique. — A Sonneville, vieille église. — Château de Luchet, de la Renaissance.
Linars, 448 h., c. d'Hiersac. ⟶ Près des Boisdons, ruines d'une villa romaine. — Église du xi⁰ s. — Fontaine pétrifiante de Ludalle.
Lindois (Le), 971 h., c. de Montembœuf. ⟶ Camps romains des Mottes et de la Giraldie. — Église des xiii⁰ et xvi⁰ s. — Restes d'un château du xv⁰ s.
Londigny, 572 h., c. de Villefagnan. ⟶ Château de la Renaissance. — Ruines du château de Guinebourg.
Longré, 629 h., c. de Villefagnan. ⟶ Église des xi⁰ et xv⁰ s.
Lonnes, 386 h., c. de Mansle.
Loubert, 757 h., c. de Saint-Claud. ⟶ Motte féodale.
Louzac, 405 h., c. de Cognac. ⟶ Église (xi⁰ et xvi⁰ s.).
Lupsault, 299 h., c. d'Aigre.
Lussac, 441 h., c. de Saint-Claud.
Luxé, 981 h., c. d'Aigre. ⟶ Église des xii⁰ et xv⁰ s. — Débris d'un château féodal. — Dolmens de la Pérotte et de la Folatière.
Madeleine (La), 381 h., c. de Villefagnan.

Magnac-Lavalette, 541 h., c. de Villebois.
Magnac-sur-Touvre, 1,553 h., 2⁰ c. d'Angoulême. ⟶ Église du xii⁰ s.
Maine-de-Boixe (Le), 354 h., c. de Saint-Amant. ⟶ Au Temple, ruines d'une chapelle romane de Templiers.
Mainfonds, 322 h., c. de Blanzac. ⟶ Église du xi⁰ s.
Mainxe, 651 h., c. de Segonzac. ⟶ Dolmen.
Mainzac, 353 h., c. de Montbron. ⟶ Vieux château de Remondias.
Malaville, 603 h., c. de Châteauneuf. ⟶ Église de 1511.
Manot, 1,513 h., c. (Nord) de Confolens.
Mansle, 1,825 h., ch.-l. de c., arr. de Ruffec, sur la Charente. ⟶ Tumulus de la Follatière. — Deux dolmens brisés. — Église des xii⁰, xv⁰ et xvi⁰ s. — Châteaux de Bourdelais et de Goué (xv⁰ s.). — Fontaine de la Doux.
Marcillac-Lanville, 1,271 h., c. de Rouillac. ⟶ Motte féodale. — Église du xii⁰ s.
Mareuil, 613 h., c. de Rouillac. ⟶ Église des xi⁰, xii⁰ et xiii⁰ s.
Marie (Sainte-), 475 h., c. de Chalais. ⟶ Église du xii⁰ s.
Marillac, 750 h., c. de la Rochefoucauld. ⟶ Église du xi⁰ s.
Marsac, 726 h., c. de Saint-Amant-de-Boixe. ⟶ Église des xiii⁰ et xv⁰ s. — Source de la Doux.
Marthon, 716 h., c. de Montbron. ⟶ A la Couronne, cimetière gallo-romain. — Église du xi⁰ s. — Tour du pont du Bandiat, reste des fortifications. — Donjon carré (30 mèt. de haut.) et ruines d'un château fort ; temple Saint-Jean, ancienne chapelle de ce château. — Château inachevé du xvii⁰ s. — Sur une colline, ruines de l'église romane de Saint-Sauveur.
Martial (Saint-), 404 h., c. de Montmoreau. ⟶ A Peudry, près de la Tude, église du xi⁰ s.
Martin-du-Clocher (Saint-), 302 h., c. de Villefagnan.
Mary (Saint-), 765 h., c. de Saint-Claud. ⟶ Ruines de l'église romane de Lavaur. — Château du xv⁰ s. — Château du Pin (xv⁰ s.).

Massignac, 1,278 h., c. de Montembœuf. ⟶ Dolmen de Touzac.
Maurice (Saint-), 1,816 h., c. (Sud) de Confolens. ⟶ Lion de granit.
Mazerolles, 822 h., c. de Montembœuf. ⟶ Tumulus. —Au Châtelard, débris romains. — Église des XI° et XIV° s. — Vieux château.
Mazières, 301 h., c. de Saint-Claud. ⟶ Fontaine abondante, visitée en pèlerinage par des malades.
Médard (Saint-), 375 h., c. de Barbezieux.
Médard (St-), 425 h., c. de Rouillac.
Médillac, 255 h., c. de Chalais. ⟶ Belle église du XIII° s.
Même (Saint-), 1,564 h., c. de Segonzac. ⟶ Dolmen.—Souterrains-refuges. — Belle église romane. — Restes d'un château fort. — Château d'Anqueville (Renaissance). — Château de Bois-Charente (XVI° s.).
Mérignac, 1,088 h., c. de Jarnac. ⟶ Église romane.
Merpins, 619 h., c. de Cognac. ⟶ Vestiges romains, peut-être ceux du *Condate* de la table de Peutinger. — Motte féodale. — Église romane.
Mesnac, 465 h., c. de Cognac. ⟶ Église du XII° s.
Messeux, 442 h., c. de Ruffec.
Métairies (Les), 435 h., c. de Jarnac.
Michel-d'Entraigues (Saint-), 985 h., 1er c. d'Angoulême, au confluent de la Charente, des Eaux-Claires et de la Charrau. ⟶ Église octogonale très-remarquable (mon. hist.) du XII° s., flanquée de huit absides.
Mons, 526 h., c. de Rouillac.
Montboyer, 1,275 h., c. de Chalais. ⟶ Belle fontaine de Chez-Poisnaud.
Montbron, 3,325 h., ch.-l. de c. de l'arrond d'Angoulême. ⟶ A Peyrelate, deux menhirs. — Église du XII° s. (mon. hist.); trois tombeaux romans. — Deux mottes féodales. — Château de Ferrière (XVI° s.).
Montchaude, 721 h., c. de Barbezieux. ⟶ Une cinquantaine de rochers, formant des cercles concentriques, peuvent être pris pour des monuments mégalithiques. — Dolmen ruiné de Gros-Caillou. —Joli château du XVI° s.

— Autel grossier où l'on se rend en pèlerinage le jour de la Saint-Mathurin.
Montembœuf, 1,281 h., ch.-l. de c. de l'arrond. de Confolens. ⟶ A Jauvigier, tumulus. — Dolmen. — Vastes silos gaulois.
Montignac-Charente, 785 h., c. de Saint-Amant-de-Boixe. ⟶ Ruines d'une église romane. — Ruines d'un château du XII° s. (beau panorama).
Montignac-le-Coq, 515 h., c. d'Aubeterre. ⟶ Église du XI° s.
Montigne, 288 h., c. de Rouillac.
Montjean, 565 h., c. de Villefagnan.
Montmoreau, 791 h., ch.-l. de c. de l'arrond. de Barbezieux. ⟶ Église du XI° s. (mon. hist.). — Chapelle du château, de forme curieuse (XI° s.). — Motte féodale à Chez-Verdu. — Château du XVI° s.
Montrollet, 752 h., c. (Sud) de Confolens. ⟶ Camps romains des Robadeaux et du Puy Mérigou. — Église du XII° s.
Mornac, 921 h., 2° c. d'Angoulême.
Mosnac, 390 h., c. de Châteauneuf.
Moulidars, 828 h., c. d'Hiersac. ⟶ Église des XII° et XV° s.
Moutardon, 664 h., c. de Ruffec.
Mouthiers, 1,526 h., c. de Blanzac. ⟶ Église du XII° s. (mon. hist.). — Château moderne de la Rochechandry. — Belle source du gouffre de la Forge. — Sur la Boême, beau viaduc courbe du chemin de fer à Couteaubières (12 arches). — Près de Vœuil, camp de Vœuil ou fort des Anglais, attribué aux Romains. — Au Jars, souterrain-refuge.
Mouton, 488 h., c. de Mansle. ⟶ Ancienne église d'un prieuré.
Moutonneau, 202 h., c. de Mansle.
Mouzon, 535 h., c. de Montembœuf. ⟶ Église des XI° et XV° s.
Nabinaud, 299 h., c. d'Aubeterre. ⟶ Église des XII° et XV° s. — Ruines d'un château qui aurait appartenu à Poltrot de Méré, l'assassin du duc de Guise.
Nanclars, 501 h., c. de Saint-Amant-de-Boixe. ⟶ Église intéressante du XII° s.
Nanteuil-en-Vallée, 1,180 h., c. de Ruffec. ⟶ Église abbatiale du XI° s; restes de l'abbaye (XII° et XV° s.) — Source pétrifiante.

Nercillac, 850 h., c. de Jarnac.
Nersac, 1,431 h., 1er c. d'Angoulême, au confluent de la Charente et de la Boëme. ⟶ Église du xie s. — Château de Fleurac (xvie s.).
Nieuil, 1,293 h., c. de Saint-Claud. ⟶ Église du xie s. — Château du xviie s.
Nonac, 815 h., c. de Montmoreau.
⟶ Château de la Léotarderie (xiiie et xve s.).
Nonaville, 287 h., c. de Châteauneuf.
Oradour, 722 h., c. d'Aigre.
Oradour-Fanais, 904 h., c. (Sud) de Confolens. ⟶ Église du xiie s.
Orgedeuil, 475 h., c. de Montbron. ⟶ Vestiges de villas romaines. —

Château de la Rochechandry, à Mouthiers, avant sa reconstruction.

Église romane. — A Peyroux, restes d'une église du xie s.
Oriolles, 461 h., c. de Brossac.
Orival, 293 h., c. de Chalais. ⟶ Église du xiie s.; fonts baptismaux de la même époque.
Paizay-Naudouin, 792 h., c. de Villefagnan. ⟶ Camp romain. — Château de Saveille (fin du xve s.).
Palais-du-Né (Saint-), 551 h., c. de Barbezieux.
Palluaud, 547 h., c. de Montmoreau.
Parzac, 600 h., c. de Saint-Claud.
Passirac, 560 h., c. de Brossac. ⟶ Église du xiie s.
Péreuil, 682 h., c. de Blanzac. ⟶ Église à coupoles du xiie s. — A Malatrait, ruines d'un château féodal.
Pérignac, 845 h., c. de Blanzac. ⟶ Église du xiie s. — Vieux château de l'Arce.
Péruse (La), 624 h., c. de Chabanais. ⟶ Église du xie s.
Petit-Lessac, 1,550 h., c. (Nord) de Confolens. ⟶ Château de Boisbuchet.
Pillac, 853 h., c. d'Aubeterre. ⟶ Église du xiie s.
Pins (Les), 964 h. c., de Saint-Claud. ⟶ Source abondante. — Château.

Plaizac, 245 h., c. de Rouillac. ⟶ Église du XII° s.

Plassac, 531 h., c. de Blanzac. ⟶ Église (mon. hist.) du XII° s.; crypte.

Pleuville, 1,074 h., c. (Nord) de Confolens. ⟶ Camp romain.

Porcheresse, 275 h., c. de Blanzac. ⟶ Église romane. — Tumulus de Motte-à-Dognon.

Pougné, 373 h., c. de Ruffec.

Poullignac, 253 h., c. de Montmoreau.

Poursac, 647 h., c. de Ruffec.

Pranzac, 736 h., c. de la Rochefoucauld. ⟶ Église de la Renaissance. — Ruines d'un château du XII° s. — Ruines du château de Rochemoure (fin du XV° s.). — Lanterne des morts (XII° s.). haute de 6 mèt. 50 c. — Gouffres du Gros-Terme et du Grand-Pont, qui absorbent une partie des eaux du Bandiat.

Pressignac, 1,362 h., c. de Chabanais. ⟶ Camp romain. — Restes du château de la Chauffie.

Preuil (St-), 515 h., c. de Châteauneuf. ⟶ Église des XIII° et XIV° s.

Projet-Saint-Constant (Saint-), 582 h., c. de la Rochefoucauld. ⟶ A Saint-Projet, église du XIII° s. — Châteaux de Puyvidal et des Ombrails (XVI° s.). — Gouffres où le Bandiat se perd en partie; gouffre de Gouffry; trou de Champnier, entonnoir (1 mèt. 20 c. de diamètre) d'une profondeur inconnue.

Puymoyen, 519 h., 1ᵉʳ c. d'Angoulême. ⟶ Église du XII° s., à coupole. — A Saint-Marc, ruines d'un ermitage taillé dans le roc. — Beaux sites et rochers à pic des vallons de l'Anguienne et des Eaux-Claires.

Puyréaux, 515 h., c. de Mansle.

Quentin (Saint-), 571 h., c. de Chabanais. ⟶ Église du XI° s. — Château de Pressac (XVI° s.).

Quentin (Saint-), 588 h., c. de Chalais. ⟶ Église des XII° et XV° s.

Raix, 387 h., c. de Villefagnan.

Rancogne, 449 h., c. de la Rochefoucauld. ⟶ Église du XII° s. — Restes d'un château féodal. — Château de Cressiec (1519-1589). — Grottes immenses où des ruisseaux coulent au fond de précipices.

Ranville-Breuillaud, 487 h., c. d'Aigre. ⟶ Église du XI° s. — Camp antique d'Orfeuille.

Reignac, 1,009 h., c. de Baignes. ⟶ Église du XI° s., remaniée au XV°.

Réparsac, 512 h., c. de Jarnac.

Richemont, 401 h., c. de Cognac. ⟶ Église du XII° s.; crypte. — Motte féodale. — Grottes. — Vieux château transformé en petit séminaire.

Rioux-Martin, 605 h., c. de Chalais. ⟶ Église (mon. hist.) du XII° s.; beau clocher.

Rivières, 1,072 h., c. de la Rochefoucauld. ⟶ Gouffre où se perd la Tardoire. — Gouffres de la Caillère, où descendent les dernières eaux du Bandiat.

Rochefoucauld (La), 2,802 h., ch.-l. de c. de l'arrond. d'Angoulême, sur la Tardoire. ⟶ Magnifique *château* de la Renaissance (mon. hist.), construit de 1528 à 1538 pour les ducs de la Rochefoucauld par l'architecte Antoine Fontant, dont on voit l'effigie sculptée sur l'escalier, le chef-d'œuvre capital de tout l'édifice; charmantes galeries intérieures; donjon plus ancien, belle tour carrée des XII° et XIV° s. — Au pied du château, près de la Tardoire, ancienne *chapelle* romane. — Deux autres *églises* romanes, ruinées. — *Église paroissiale* des XIII° et XV° s. (mon. hist.), avec belle flèche gothique, en pierre, la seule bâtie dans tout le département au XIII° s. — Dans le *collège*, restes d'un vaste cloître et d'une chapelle du XV° s., ayant fait partie d'un couvent de Carmes. — *Hôpital* fondé par le célèbre Gourville. — Pertes de la Tardoire.

Rochette (La), 631 h., c. de la Rochefoucauld.

Romain (Saint-), 89 h., c. d'Aubeterre.

Ronsenac, 966 h., c. de Villebois. ⟶ Église du XII° s. — Source de Grande-Fontaine. — Dolmen de Bernac.

Rouffiac-Saint-Martial, 340 h., c. d'Aubeterre. ⟶ A Rouffiac, église des XII° et XV° s.; chaire du XVI° s.

Rougnac, 822 h., c. de Villebois. ⟶ Église du XI° s.; belle crypte.

Rouillac, 2,117 h., ch.-l. de c. de l'arr. d'Angoulême. ⟶ Église du xi° s. — Restes d'une commanderie de Templiers.

Roullet, 1,274 hab., 1er c. d'Angoulême. ⟶ Belle église à coupole du xii° s. (mon. hist.); clocher remarquable avec flèche à écailles. — Restes imposants du château roman de Rocheraud; pan de mur, haut de 16 mèt., semblable à un obélisque.

Roumazières, 624 h., c. de Chabanais. — Église du xii° s.

Roussines, 1,167 h., c. de Montembœuf. ⟶ Châteaux de Bellac et d'Écossas.

Rouzède, 712 h., c. de Montbron. ⟶ Église du xii° s.

Ruelle, 2,354 h., 2° c. d'Angoulême. ⟶ Château de Maine-Gagnaud,

Église de Ruffec.

de la Renaissance. — Importante fonderie de canons (V. ci-dessus, Industrie, page 41).

Ruffec, 3,385 h., ch.-l. d'arr. ⟶ Église du xii° s., remaniée au xvi°; façade remarquable. — Source du Lien.

Salles, 406 h., c. de Barbezieux.

Salles-d'Angles, 1,077 h., c. de Segonzac. ⟶ Camps romains de Cot-Regnier, du Chiron, de Miot, du Terrier-du-Cot. — Église des xiv° et xv° s.

Salles-de-Villefagnan, 725 h., c. de Villefagnan.

Salles-Lavalette, 1,007 h., c. de Montmoreau.

Saturnin (Saint-), 707 h., c. d'Hiersac. ⟶ Restes d'une église du xii° s., à Moulède. — Maison qui fut habitée, dit-on, par Calvin. — Château de Maillou (xv° s.).

Saulgond, 1,255 h., c. de Chabanais. ⟶ Dolmen de Lâge. — Camp antique. — Église du xiii° s.

Sauvagnac, 224 h., c de Montembœuf.

Sauvignac, 273 h., c. de Brossac. ⟶ Église du xii° s.

Segonzac, 2,570 h., ch.-l. de c. de l'arr. de Cognac. ➻ Beau clocher roman.

Sérignac, 267 h., c. de Chalais. ➻ Église du XII° s.; bénitier en pierre de cette époque.

Sers, 586 h., c. de Villebois. ➻ A Jean-de-Sers, substructions antiques. — Restes de l'ermitage de Bellevau, en partie taillé dans le roc. — Église du XI° s. — Château du XV° s., à Nanteuil-de-Sers. — Château de 1520, aux Poyaux. — Tour d'un château, entre Sers et Dignac.

Sévère (Sainte-), 792 h., c. de Jarnac. ➻ Tumulus du fort de l'Abattu. — Can p romain remarquable.

Éverin (Saint-), 1,405 h., c. d'Aubeterre. ➻ Église du XI° s.

Sigogne, 1,250 h., c. de Jarnac. ➻ Au Temple, restes d'une bourgade celtique. — Tumulus de la Motte à Poljeau. — Église du XII° s.

Simeux (Saint-), 518 h., c. de Châteauneuf.

Simon (Saint-), 540 h., c. de Châteauneuf.

Sireuil, 872 h., c. d'Hiersac. ➻ *Tour du Fa*, monument romain de destination inconnue. — Restes du château féodal de Sainte-Hermine. — Crypte romane sous l'église.

Sonneville, 135 h., c. de Rouillac. ➻ Église du XII° s.

Sornin (Saint-), 898 h., c. de Montbron. ➻ Église en partie du XII° s.

Souffrignac, 376 h., c. de Montbron. ➻ Église du XIII° s.

Souline (Sainte-), 306 h., c. de Brossac.

Souvigné, 600 h., c. de Villefagnan.

Soyaux, 1,061 h., 2° c. d'Angoulême ➻ Au Peyturaud, « cimetière qui fut probablement celui d'Angoulême à l'époque gallo-romaine et au commencement du moyen âge. » — Église du XII° s.

Suaux, 850 h., c. de Saint-Claud. ➻ Château de Brassac.

Sulpice (Saint-), 1,582 h., c. de Cognac. ➻ Église du XI° s.

Sulpice (Saint-), 167 h., c. de Ruffec.

Suris, 616 h., c. de Chabanais.

➻ Restes du château de Chambon.

Tâche (La), 546 h., c. de Mansle.

Taizé-Aizie, 690 h., c. de Ruffec. ➻ Ruines très-pittoresques d'un château féodal. — Restes d'une commanderie de Templiers (XV° s.), à Villegast.

Taponnat-Fleurignac, 895 h., c. de Montembœuf. ➻ Ancien château.

Tâtre (Le), 602 h., c. de Baignes. ➻ Église, but de pèlerinage.

Theil-Rabier, 583 h., c. de Villefagnan.

Torsac, 625 h., c. de Villebois. ➻ Église des XII° et XV° s. — Restes d'un château féodal.

Tourriers, 770 h., c. de Saint-Amant-de-Boixe. ➻ Restes d'un vieux château.

Touvérac, 677 h., c. de Baignes. ➻ Église des XI° et XV° s.

Touvre, 422 h., 2° c. d'Angoulême. ➻ Le Dormant et le Bouillant, sources de la Touvre (*V.* p. 12). — Église du XII° s., ombragée par un arbre énorme. — Sur une colline abrupte dominant le gouffre du Dormant, ruines d'un château de 1071.

Touzac, 771 h., c. de Châteauneuf. ➻ Église du XI° s.

Triac, 419 h., c. de Jarnac. ➻ Pyramide du prince de Condé, élevée en mémoire de la bataille de Jarnac (1569).

Trois-Palis, 361 h., c. d'Hiersac. ➻ Église du XII° s.; joli clocher. — A la Rochecorail, motte féodale et grottes.

Turgon, 270 h., c. de Champagne-Mouton.

Tusson, 778 h., c. d'Aigre. ➻ Restes d'une abbaye du XII° s., fondée par Robert d'Arbrissel et qui fut le berceau de l'ordre de Fontevrault. — Dolmens.

Tuzie, 239 h., c. de Villefagnan.

Valence, 476 h., c. de Mansle.

Vallier (Saint-), 536 h., c. de Brossac. ➻ Église des XI° et XIV° s.

Vars, 1,954 h., c. de Saint-Amant-de-Boixe. ➻ Église du XVI° s. — Tour, reste d'une vieille forteresse. — Ruines du château de Scée.

DICTIONNAIRE DES COMMUNES.

Vaux-Lavalette, 256 h., c. de Villebois.
Vaux-Rouillac, 641 h., c. de Rouillac.
Ventouse, 332 h., c. de Mansle. ⇝ Église du xii° s.; façade intéressante.
Verdille, 754 h., c. d'Aigre.
Verneuil, 335 h., c. de Montembœuf. ⇝ Vieux château du Poirier.
Verrières, 712 h., c. de Segonzac. ⇝ Église des xii° et xv° s.
Verteuil, 1,068 h., c. de Ruffec. ⇝ Beau château des xv° et xvi° s.
Vervant, 306 h., c. de Saint-Amant. ⇝ 3 tombelles. — Ancienne église d'un prieuré.
Vibrac, 381 h., c. de Châteauneuf. ⇝ Église de 1591.
Vieux-Cérier, 502 h., c. de Champagne.
Vieux-Ruffec, 329 h., c. de Ruffec. ⇝ Église du xi° s.
Vignolles, 362 h., c. de Barbezieux.
Vilhonneur, 450 h., c. de la Rochefoucauld. ⇝ Église ancienne; derrière le chevet, joli mausolée d'un chevalier de Chambes. — Château des xv° et xvi° s. — Château de Rochebertier, flanqué de tourelles.
Villars, 142 h., c. de Villebois.
Villebois-la-Valette, 878 h., ch.-l. de c. de l'arrond. d'Angoulême. ⇝ Dolmen de Bernac. — Chapelle du château, xi° s. — Église du xiii° s. — Motte féodale à Chaumont. — Château de Villebois, xvii° s.
Villefagnan, 1,589 h., ch.-l. de c. de l'arrond. de Ruffec.
Villegats, 384 h., c. de Ruffec.
Villejésus, 975 h., c. d'Aigre.

Villejoubert, 275 h., c. de Saint-Amant-de-Boixe. ⇝ Église de 1074. — Vestiges du château d'Andou, antérieur au xi° s. — Château de la Barre (xv° et xvi° s.); lierre colossal. — Ruines de l'église de la Macarine (xii° s.), dans la forêt.
Villiers-le-Roux, 367 h., c. de Villefagnan.
Villognon, 477 h., c. de Mansle. ⇝ Église romane, façade remarquable.
Vindelle, 832 h., c. d'Hiersac.
Vitrac-Saint-Vincent, 1,149 h., c. de Montembœuf. ⇝ Église romane.
Viville, 161 h., c. de Châteauneuf.
Vœuil-et-Giget, 441 h., 1ᵉʳ c. d'Angoulême. ⇝ Camp des Rosiers. — Église du xi° s.
Vouharte, 522 h., c. de Saint-Amant-de-Boixe.
Voulgezac, 453 h., c. de Blanzac. ⇝ Église fortifiée du xii° s.
Vouthon, 505 h., c. de Montbron. ⇝ Église du xii° s. — A la Chaize, donjon carré du xi° s. sur un rocher percé de vastes souterrains.
Vouzan, 718 h., c. de Villebois. ⇝ Dolmen des Deffends. — Aux Pendants, silos.
Xambes, 189 h., c. de Saint-Amant-de-Boixe. ⇝ Église des xiii° et xv° s.
Yrieix (Saint-), 1,178 h, 2° c. d'Angoulême, sur des collines (97 mèt.) qu'entoure aux trois quarts la Charente vis-à-vis d'Angoulême.
Yviers, 956 h., c. de Chalais. ⇝ Château du xv° s.; belle tour. — Magnifique chêne de Montravail.
Yvrac-et-Malleyrand, 952 h., c. de la Rochefoucauld. ⇝ Église du xii° s. (mon. hist.).

7324. — Imprimerie A. Lahure, rue de Fleurus, 9, à Paris.

Toutes les Géographies de la collection sont en vente

IMPRIMERIE A. LAHURE, RUE DE FLEURUS, 9, A PARIS.

www.ingramcontent.com/pod-product-compliance
Lightning Source LLC
LaVergne TN
LVHW022126080426
835511LV00007B/1052